讀品文化

ß 讀品文化

讀品
文化

讓孩子越玩越開心的

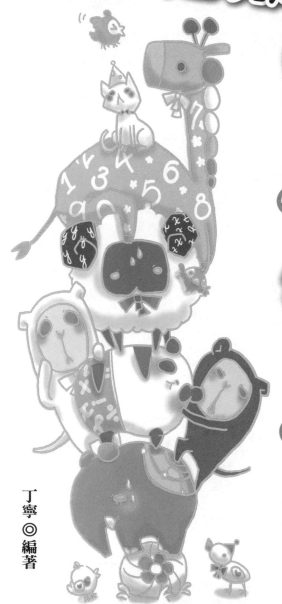

數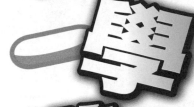學遊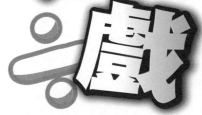戲

丁寧◎編著

看到數學不要臭臉
讓你越玩越開心的數學遊戲
通通都在裡面！
快點來一起玩數學吧！

永續圖書　讀品文化

www.foreverbooks.com.tw

國家圖書館出版品預行編目資料

讓孩子越玩越開心的數學遊戲／丁寧編著.
　--初版.--臺北縣汐止市 ： 讀品文化, 民 99.06
　　面；公分. --（資優生系列：05）
　　ISBN ：978-986-6906-79-4（平裝）

　1. 數學遊戲

997.6　　　　　　　　　　　　　　　99006332

讓孩子越玩越開心的數學遊戲

資優生系列 05

編　　著／丁寧
執行編輯／許瑋璇
出 版 者／讀品文化事業有限公司
社　　址／221 台北縣汐止市大同路三段 194 號 9 樓之 1
電　　話／02-86473663
傳　　真／02-86473660
總 經 銷／永續圖書有限公司
劃撥帳號／18669219
地　　址／221 台北縣汐止市大同路三段 194 號 9 樓之 1
電　　話／02-86473663
傳　　真／02-86473660
E-mail／yungjiuh@ms45.hinet.net
網　　址／www.foreverbooks.com.tw
法律顧問／中天國際法律事務所　涂成樞律師、周金成律師
初版日期／2010 年 06 月

✉ 版權所有‧翻印必究
　如有缺頁、破損或裝訂錯誤煩請寄回本社更換

☞ 前言

　　數學這個科目並不像你認為的那樣枯燥乏味，不是單純的定理、公式、證明、計算……相反，它是一門充滿趣味、在我們的日常生活中實用性非常強、能夠給你帶來無窮樂趣的學科和知識。

　　本書的內容不同於數學課堂上的簡單運算和公式應用，而是選用了幾百個數學遊戲，讓你在故事中發現數學問題，透過對答案的探索和鑽研，你將對「數學」的認識有相當大的改觀，會發現原來我們一直生活在數學的世界裡，同時我們要解決這些問題也要掌握大量而豐富的數學技巧。

　　漸漸地，你會發現，自己學會了思考問題的方法，懂得了變換角度去看問題，也培養了自己的數學想像力，使自己在不知不覺中對數學產生了濃厚的興趣。

　　讀者能夠從提起「數學」就頭痛到對數學產生自發的興趣，這是非常大的飛躍，也是編這本書的初衷和目的所在。

　　希望透過這本書，能夠帶給你以上提到的那些能力和趣味，讓你變成一個用數學眼光看生活、用數學思維解決問題的聰明孩子。

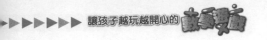

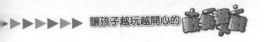

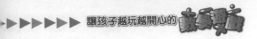

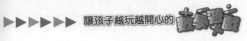

$$1 + 2 = 3$$

$$3 \times ? = 4 \div ?$$

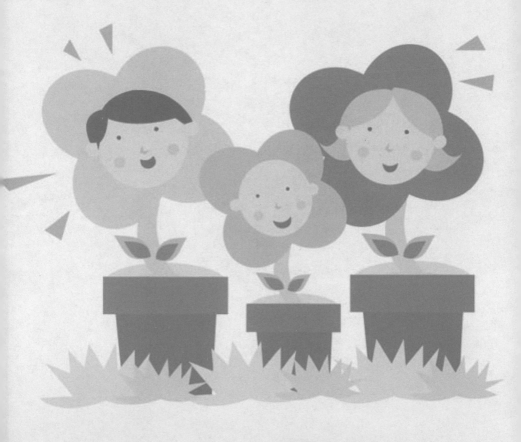

Qusetion

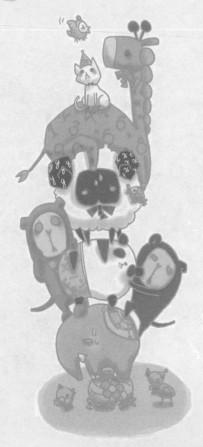

01.

多少隻青蛙

● 難易度：★　　完成時間：　　分　　解答：155頁

我們都知道，青蛙是捕捉蚊蠅的能手。它那長長捲曲的大舌頭是天生的捕蠅工具。那麼，如果35隻青蛙在35分鐘裡捉了35隻蒼蠅，那麼在94分鐘裡捉94隻蒼蠅需要幾隻青蛙呢？

02.

青蛙和小鳥

● 難易度：★　　完成時間：　　分　　解答：155頁

蘆葦叢裡有個小池塘，池塘被密密麻麻的蘆葦遮蓋住，是個很安靜的地方。一隻喜歡安靜的青蛙先生住在這裡，它很有學問，甚至頭上還架著一副金邊眼鏡。它獨自住在這個池塘裡，沒人打擾，正好適合研究學問。

但是有一天早上，它被一陣聲音吵醒了。它睜開眼睛，看見一隻小鳥站在池塘邊上快樂地歌唱。青蛙先生很生氣，因為小鳥打擾了它的清靜。但青蛙先生很有教養，沒有趕走

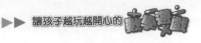

小鳥。於是小鳥每天早上都會來池塘唱歌。後來，青蛙先生習慣了有小鳥唱歌的早晨，並且喜歡上了小鳥的歌聲。這天早上，它聽著聽著，忍不住幫小鳥打起了拍子。小鳥嚇了一跳，發現了青蛙！「我……我吵到您了嗎？」小鳥紅著臉說。青蛙先生說：「沒關係，你的歌聲很動聽，以後天天來這裡唱歌吧。」小鳥高興地點了點頭。

　　從此小鳥每天都來給青蛙先生唱歌，唱完歌，青蛙先生還要給小鳥講講自己知道的學問。有一次，青蛙先生問小鳥：「把一張厚為0.1毫米的很大的紙對半撕開，重疊起來，然後再撕成兩半疊起來。假設他如此重複這一過程25次，那麼這疊紙會有多厚？」它給小鳥四個答案讓它選擇。小鳥選了3次，就是沒有選對。因為小鳥一直不敢相信，原來會有那麼厚。你知道會有多厚嗎？

　　1. 像山一樣高　　　　2. 像一棟房子一樣高

　　3. 像一個人一樣高　　4. 像一本書那麼厚

03.
粗心的管理員

● 難易度：★★　　完成時間：　　分　　解答：155頁

　　新建成的人民廣場竣工了，今天是竣工典禮，廣場上人山人海，彩旗飄揚。因為廣場位於市中心，市裡的人們都很高興。因為大家晚上可以來這裡散步，早上還可以來這裡健身。而且，廣場裡面還修建了電影院，適合年輕人來這裡休閒。還有兒童樂園，孩子們喜歡極了。

　　總之，這個廣場帶給大家很多方便。但是，這個城市的人們不太會維護環境的整潔，隨處扔垃圾。於是，廣場的管理人員就在廣場的醒目位置貼上標語，讓大家注意保持環境衛生。而且還準備再增設20個垃圾桶，分別放在5條相互交叉的路上，每條路上放4個。但是，因為一個管理員的粗心大意，少帶了10個垃圾桶，該怎麼放呢？總不能把垃圾桶劈成兩半吧？於是管理員臨時決定舉辦一個小型的問答活動，不僅能解決垃圾桶擺放的問題，還能增強市民的環保意識，一舉兩得。誰知道，還真的徵集到一個好點子。這個好點子是什麼呢？

　　聰明的你想到什麼辦法了嗎？

04. 智鬥大灰狼

● 難易度：★　　完成時間：　　分　　解答：156頁

　　一隻大灰狼溜進了大森林，一隻喇叭花發現了牠，馬上給大家報警，大聲喊：「大灰狼來啦！大灰狼來啦！」

　　村裡住著很多善良的小動物，有小山羊、小狗熊、小兔子、小刺蝟、小猴子還有小象。牠們聽說大灰狼來了，都很害怕。牠們都躲進了小狗熊的家裡，因為小狗熊的家是用磚砌成的，結實。大灰狼走進村裡，轉來轉去誰也沒有找到，於是走到了小狗熊家的門口。屋裡的小動物們都使勁讓自己不發出聲音，甚至連呼吸都不敢。可是，大灰狼還是看見了猴子的小尾巴。大灰狼把門敲得很響。大聲喊：「快出來，我已經看見你們了。」小動物們嚇壞了，很擔心大灰狼闖進來吃了牠們。大灰狼使勁地敲門，裡面的小動物動也不敢動。

　　這時，站在樹上的啄木鳥大叔很著急，牠在為屋子裡的小動物們擔心。後來，牠終於想到一個很好的主意。牠對大灰狼喊道：「別敲了，我給你出一個主意怎麼樣？」大灰狼撇了牠一眼說：「你有什麼好主意讓我能吃到牠們？」啄木鳥大叔說：「你那麼聰明，就跟屋裡的孩子們比一比誰聰明吧，你贏了就去吃掉牠們，你輸了就離開村裡，怎麼樣啊？」大灰狼最喜歡別人誇牠聰明，於是，大灰狼答應了。可牠不

知道，村裡的小動物們都上學了，而且都很聰明。小動物們把所有學到的知識都用上了，大家共同想到了一道智力題：一個人在公元前10年出生，在公元10年的生日前一天死去。請問：這個人去世時是多少歲？大灰狼想都沒想，哈哈大笑，說：「這麼簡單的題還來問我。當然是20歲啊。」這時，小動物們都笑了，一起說：「錯了。」大灰狼很納悶，於是啄木鳥大叔飛過來告訴了大灰狼正確答案，大灰狼很羞愧。就這樣，大灰狼灰頭土臉地離開了村子。小動物們高興極了，因為牠們用知識保護了自己。

你能算出正確答案嗎？

05. 只會報整時的鐘

● 難易度：★★　　完成時間：　　分　　解答：156頁

小寧家有一座歷史悠久的時鐘，老到它的指針都已經掉光了，就像人到老年牙齒會掉光了一樣。它現在唯一的功能就是每到整點的時候才能敲鐘報時。小寧計算了一下，老鐘敲打6下要6秒鐘，那麼，需要多長時間才知道現在是12點呢？同樣地，人們需要多長時間才知道現在是7點呢？

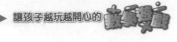
06.

借錢

● 難易度：★★　　完成時間：　　分　　解答：157頁

　　小兔子、小熊、小猴子、小豬是好朋友。牠們一起住在動物村裡。牠們四家挨的很近。牠們可以一起上學，一起放學，一起做功課，一起玩耍。後來牠們長大了，都有了自己的工作，自己的生活。但牠們仍然是好朋友，仍然住的很近，仍然有東西一起分享。牠們還常常一起出去旅行，去嘗試好多新鮮的事物。

　　有一天，小兔子的自行車突然壞了，因為要修自行車，但又沒有帶錢，正好在路上遇見了小熊，於是就向小熊借了10元。第二天小熊家裡來客人需要買酒，就向小猴子借了20元。但小猴子自己的儲蓄實際上也並不多，等牠要用錢的時候就向小豬借了30元。後來小豬剛好去小兔子家附近買書，發現錢不夠了，就去找小兔子借了40元。

　　恰巧有一天，小兔子、小熊、小猴子、小豬商量一起出去遊玩，乘機也可以將欠款一一結清。但是，如果按原來所借順序還錢，很麻煩。那麼請問：牠們4個該怎麼做才能用最方便的方法來解決問題呢？

07.

新龜兔賽跑

● 難易度：★　　完成時間：　　分　　解答：157頁

龜兔賽跑的故事過去很長時間了，兔子和烏龜都長大了，他們都有了自己的事業。兔子在賽跑中懂得了不能驕傲，要謙虛，所以他在工作中一直保持著謙虛的姿態，得到了長官的讚賞。而烏龜在那次比賽中明白，只要自己踏踏實實一步一個腳印地工作，什麼事都難不倒。就這樣，兔子和烏龜都取得了成績，而且都買了汽車。現在，他們以車代步，幾乎都不用走路了。於是，烏龜再也不被人說成是慢吞吞的了，而兔子也不用於每天蹦蹦跳跳的被人誤以為不穩重了。而且，經過那次比賽，兔子和烏龜成了好朋友，他們互相幫助互相照顧，生活得很快樂。

這天，兔子和烏龜都休息，兔子提議大家去郊外散心。郊外，空氣清新，道路寬闊，兔子跟烏龜都很高興。烏龜提議比賽賽車。兔子欣然同意了。

於是，兔子和烏龜又要進行比賽了。這次的路程不再是100公尺了，因為大家用汽車比賽，所以賽程變成了1000公尺。比賽的結果還是兔子贏了，當兔子到達目的地時烏龜還差100公尺。如果把兔子的起跑線向後移100公尺，還假設兔子在中途沒有偷懶睡覺，它們會同時到達終點嗎？

08. 數字之謎

● 難易度：★★　　完成時間：　　分　　解答：157頁

　　數學王國中有很多很多的謎，多的數也數不清，邏輯推理都能用上。能有機會去數學王國旅遊一下該有多好啊！小猴子樂樂真的獲得了一次去數學王國參觀的機會，他高興極了。天天盼著能早一點出發。為此，它還準備了好多數學常識，怕去了數學王國被人家笑。

　　這一天終於到了，小猴子高興地坐上了專門到數學王國的數碼車。數碼車真舒服，全部都是自動化設備。樂樂興奮地這摸摸，那摸摸，新鮮極了。不一會，數學王國到了。樂樂彷彿一下走進了數學書裡，滿眼都是數字，它一下子昏了，不知道該怎樣了。幸虧有導遊跟著。導遊姐姐告訴樂樂，只要跟著她走就行了，她會讓樂樂遊遍數學王國。

　　樂樂興奮地跟著導遊姐姐去了奇數街，偶數街，還有函數鎮。真是大飽眼福，數學王國裡真是好熱鬧啊。

　　中午，導遊姐姐帶小猴子去數字飯店吃飯。飯店裡的設施更有意思了。連勺子都長得像數字「6」。這時，服務員走過來對樂樂說：「我們飯店有規定，用餐前一定要回答一個數學問題。」小猴子緊張極了，牠不知道自己能不能解答。服務員姐姐說了這樣一道題：在我們飯店的牆壁上的數字中

隱藏著兩個數，其中一個是另一個的兩倍，兩個數相加的和
為10743。這兩個數是什麼？樂樂急得抓耳撓腮，找個半天。
最後，他終於把答案找到了。你能猜到是哪兩個數字嗎？答
對了也許可以跟小猴子樂樂一樣去數學王國參觀喔！

09. 跳躍比賽

● 難易度：★　　　完成時間：　　　分　　　解答：157頁

　　青蛙和松鼠進行跳躍比賽，比賽規則是牠們各跳100公尺
後再返回到出發點。松鼠一次跳3公尺，青蛙跳一次只有2公
尺，但松鼠跳2次的時間青蛙能跳3次。

　　那麼你來預測一下，在這次比賽中誰將獲勝？

10.

兔子的繁殖

● 難易度：★★　　　完成時間：　　分　　　解答：158頁

小小的叔叔買了一對小兔子。小小特別喜歡，一定要拿回家自己養著。爺爺笑著說：「傻孩子那是叔叔買的種兔，是用來辦兔子養殖場的。」小小很疑惑：「爺爺，什麼是種兔？辦兔子養殖場就用兩隻小兔嗎？」爺爺哈哈大笑：「種兔就是用來繁殖兔子的。牠們繁殖很快的，一年之後叔叔的養殖場就有很多小兔子了。到那時啊，讓叔叔送給小小一隻好不好？」小小高興極了：「真的嗎？真的會有很多小兔子嗎？」爺爺點點頭。於是，小小高興地跟著爺爺回家了。路上，爺爺問小小：「一對兔子每個月可以生一對小兔子，而一對兔子生下後第二個月也開始生小兔子。那麼，不算第一對小兔子，一年之後叔叔家能有多少對兔子啊？」

小小掰著小手指頭怎麼數也數不清。於是爺爺就給小小在紙上一對一對的列了出來，小小把這些數加起來就知道了一年後叔叔家會有多少兔子了。你知道有多少嗎？

11. 請帖裝錯了

● 難易度：★　　完成時間：　　分　　解答：158頁

　　丁丁快要結婚了，這些天他一直忙著準備婚禮，忙得頭都暈了。他總覺得有一件非常重要的事情要辦，但他怎麼也想不起來。突然有一天一位他的好朋友給他打電話，他終於想起來了，他要寫請帖邀請他的好朋友來參加婚禮。

　　丁丁上大學的時候有4位好朋友，他們之間經常用電話書信聯繫，感情非常親密。於是丁丁趕緊買來請帖。吃過晚飯，丁丁就開始給4個好朋友寫請帖了。但是，當他剛寫好信正準備分裝信封的時候，突然停電了。丁丁摸黑把信紙裝進信封裡，因為要趕著明天寄出去。媽媽說他這樣摸黑裝信的話肯定會出錯，丁丁毫不在意地說最多只有一封信裝錯。那麼，你覺得丁丁說得正確嗎？

12. 小狗跑了多遠

● 難易度：★★   完成時間：   分   解答：158頁

　　洋洋的爺爺給洋洋買了一隻可愛的沙皮狗，洋洋特別喜歡。沙皮狗也特別喜歡洋洋，還有洋洋的好朋友舟舟。沙皮狗喜歡跟洋洋和舟舟出去遊玩，三個傢伙每天都玩的特別痛快。

　　一天，洋洋要跟舟舟出去玩，沙皮狗一定要跟著他們。於是，他們只好帶著牠去了。因為舟舟要回家拿書包，所以洋洋帶著沙皮狗先出發。10分鐘後舟舟才出發。舟舟剛一出門，沙皮狗就向他跑過來，到了舟舟身邊後馬上又返回到洋洋那裡，就這麼往返地跑著。如果沙皮狗每分鐘跑500公尺，舟舟每分鐘跑200公尺，洋洋每分鐘跑100公尺的話，那麼從舟舟出門一直到追上洋洋的這段時間裡，沙皮狗一共跑了多少公尺？

13. 運石子問題

● 難易度：★★　　完成時間：　　分　　解答：**158頁**

　　甲公司負責為各個施工工地運送建築材料。早上接到一家建築公司的送貨要求，讓甲公司送一批石子到工地上。甲公司派10名工人，用2輛自動卸貨汽車運送這批石子。

　　開工前，他們討論怎樣合理高效地安排勞動力。有人建議把10個人分成兩組，每5個人裝一車；還有人主張10個人一起裝車，裝好第一輛後再裝第二輛。

　　你覺得哪種方法能讓工作效率更高呢？

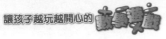
14. 買牛奶

● 難易度：★　　完成時間：　　分　　解答：159頁

　　小林和小花住鄰居，他們常常一起去街道的商店買東西。他們街道有一家專門賣牛奶等食品的商店，商店老闆很誠實，他商店裡面的東西既便宜又實惠，街道上居住的人們都愛去他那買東西。

　　這天，小林和小花準備一起去買牛奶。他們說說笑笑地走進商店，老闆很熱情地招待了他們。小林帶來一個容量是5公升的裝牛奶的瓶子，而小花帶來的是容量4公升的裝牛奶的瓶子，但她只想買3公升牛奶。恰巧今天商店老闆的電子秤壞了，他只有一個圓柱形的牛奶桶，容量是30公升，他已經賣給客人8公升了。他應該怎麼做才能使這兩個老顧客得到各自想要的重量，而且又能使牛奶不溢出容器呢？老闆很為難，牛奶很新鮮，如果今天不賣出去就不新鮮了，明天他就不能再賣給顧客了，該怎麼辦呢？要是你是老闆你會怎麼做呢？

15. 過河

● 難易度：★★　　完成時間：　　分　　解答：159頁

　　兄弟二人喜歡探險，他們在工作之餘常常去參加探險活動或者其他一些有挑戰性的運動。

　　這天，兄弟二人都放假了。於是二人商量去郊外的山區遊玩。他們一路欣賞著山上的美景，心裡很暢快。他們互相幫助著爬上了一座山。山上的風景特別怡人。兄弟兩個躺在山上的樹蔭下一邊休息，一邊討論著再去什麼地方遊玩。休息好了，兄弟二人準備從一條很少人走過的路下山。走到半山腰，他們發現了一個山澗，有5公尺左右寬，下面是萬丈深淵。他們看見來往的少數幾個人都是帶著木板過橋。他們把木板搭在山澗兩端，走過去再把木板拿走。兄弟兩個覺得很有意思。於是他們兩個找了塊木板準備試試。但他們找的木板短了，只有4.9公尺長，他們沒法把木板穩穩當當地搭在兩山之間。這時，他們對面走來一個小孩，小孩的木板有5.1公尺長，他要到這邊來。兄弟二人的木板太短了，而小孩子的力氣小，搭不動木板。兄弟兩個人很著急，對面的小孩也很著急。他們應該怎麼做才能都順利走過山澗呢？

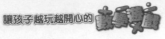

16. 水果花籃

● 難易度：★　　完成時間：　　分　　解答：160頁

逢年過節，人們都會買水果作爲禮品贈送親朋好友，還有的人願意把各種水果放在專門特製的花籃裡，更顯得高檔精美。水果商們也願意把水果裝在花籃裡出售，因爲一籃水果賣25元，比散稱賣得貴些。單純水果的價錢比籃子貴20元，你知道水果籃子是多少錢嗎？

17. 老婆婆算帳

● 難易度：★★　　完成時間：　　分　　解答：160頁

老婆婆的兒女都不在身邊，老婆婆只能自己照顧自己。儘管兒女給她足夠的生活費，但她還是願意自食其力。

老婆婆靠賣煮雞蛋爲生。每天早上出攤，傍晚就可以把所有雞蛋賣光。然後她還要回家繼續煮蛋，準備第二天賣。有一天她的鄰居告訴她，她可以也賣煮鴨蛋，因爲也有人愛吃鴨蛋。於是老婆婆開始嘗試賣鴨蛋。經過一段時間的經營，她每天可以賣30個雞蛋和30個鴨蛋，其中雞蛋每3個賣1元，鴨蛋每2個賣1元，這樣一天可以賣得25元。這樣，老婆婆的收入又增加了。

忽然有一天，有一位買她雞蛋的路人告訴她如果把雞蛋

和鴨蛋混在一起每5個賣2元，可以賣得快一些，賺的更多一些。於是第二天，老婆婆就嘗試著把雞蛋和鴨蛋混在一起每5個賣2元，可是傍晚婆婆算帳時發現只賺到了24元。老婆婆很納悶，蛋沒少怎麼錢少了？那1元去哪裡了呢？你能幫老婆婆想想嗎？

18. 酒精和水

● 難易度：★★　　完成時間：　　分　　解答：11頁

　　小明開始學習化學了，化學中的計算題大部分是關於混合溶液的計算。小明很頭疼。老師告訴小明回家要多做練習，才能熟悉這一類的運算。

　　於是小明回家抓緊練習，專門找關於混合溶液的計算題做。但是只寫在書本上的東西是不容易弄明白的，小明仍然是一頭霧水，很苦惱。還是爸爸有主意，他準備給小明現場操作一道題，使小明能夠明白。爸爸拿來同樣大小的兩個瓶子，一瓶裝著酒精，一瓶裝著水，兩個瓶子裡的液體一樣多。小明的爸爸把第一個瓶子的酒精倒入杯中，倒滿。然後再把杯子中的酒倒入第二個瓶子中，攪勻。然後再從第二個瓶子中倒出一杯混合後的溶液，倒回第一個瓶子。爸爸問小明：「這時是酒精中的水多呢？還是水中的酒精多？」小明想了半天，終於明白了，你知道小明是怎麼計算的嗎？

19. 舞會男女問題

● 難易度：★★　　完成時間：　　分　　解答：161頁

有一對年輕夫婦組織了一次交友舞會，有30位客人參加了這次舞會，加上男女主人一共32人。

在整場舞會中，有人發現參與者如果隨意組成舞伴（總共有16對），那麼，不管怎樣分配，總能保證每對舞伴中，至少有一位是女性。

這次舞會上，究竟有多少男性參加呢？

20. 「鬼打牆」

● 難易度：★★★　　完成時間：　　分　　解答：162頁

兩個送糧人頭一次送糧上山。他們趁著白天趕路，晚上為了不迷路就在山中休息。但因為他們行動緩慢，離預計的到達時間越來越近，而他們還有很長的山路沒走。於是他們決定夜間也要趕路。

為了抄近路，兩個送糧人決定從寬5千公尺的山谷中穿過。他們摸黑走了很久，按時間計算應該到達目的地了，但他們覺得很害怕的是，他們每次都莫名其妙地回到了出發點

附近。如此反覆幾次，他們很是害怕，以爲這就是人們經常
所說的「鬼打牆」。於是只能停止前進，等待白天降臨。你
知道這是怎麼回事嗎？

21. 學校分饅頭

● 難易度：★★　　完成時間：　　分　　解答：162頁

　　市內第二小學是市裡的重點小學，那裡注重素質教育，
注意培養孩子的創造和實踐能力。校內很多活動學生都會積
極參與。

　　學校每天中午都提供營養午餐，學生們不必回家吃飯。
每天分飯的都是小學生，這是爲了培養小學生的實踐能力。
莉莉今天第一天轉學到這個小學，感覺一切都很新鮮。而且
今天正好輪到莉莉所在的班級給大家分飯，莉莉踴躍地舉手
報名。到了老師的辦公室，老師讓莉莉先計算一道數學題，
是跟今天中午分營養午餐有關的。題目是這樣的：有100個饅
頭，學校的老師和同學加起來也有100人，饅頭正好分完。如
果老師一人分3個，同學們3人分一個，那麼，老師和同學們
各有多少人？莉莉算了一下，就計算出來了。老師直誇莉莉
聰明。你知道莉莉是怎麼計算的嗎？

22.

換啤酒

● 難易度：★　　完成時間：　　分　　解答：163頁

　　啤酒瓶是可以回收再次利用的，所以愛喝酒的人都會把啤酒瓶收好然後用空瓶換酒，這樣既節省了錢，又保護了環境。

　　在一層樓裡住了兩個兄弟，他們都特別愛喝酒，喝完酒把啤酒瓶放在一起等著下次買酒時換酒用。而且他們常常一起喝酒，酒喝完了，其中一個人就去買酒。他們互相很照顧，互相謙讓，買酒的時候都爭著搶著去。

　　這天，酒又喝完了。兄弟甲和兄弟乙都說第二天要去買酒。到了第二天晚上，兄弟乙買來了若干瓶，兄弟甲則拿空酒瓶換了若干瓶。這樣他們的酒加在一起一共是161瓶。如果按5個空瓶可以換1瓶啤酒計算，那麼，兄弟甲至少買了多少瓶啤酒？

23. 遺產該怎麼分

● 難易度：★★　　完成時間：　　分　　解答：163頁

　　在很久以前的古希臘，人類的文明就已經很進步了。比較有代表性的就是他們國家法律的健全。在那個時代，遺產繼承法就已經產生了。而且他們的遺產繼承法很有意思，遺產分配原則跟兒女的性別息息相關。古希臘的法律規定：父親死後留下的遺產，如果生的是兒子，母親應分得兒子份額的一半，如果生的是女兒，母親就應分得女兒份額的兩倍。

　　一位古希臘婦女懷孕了，但他的丈夫卻不幸去世了。他丈夫給她留下3500元遺產。她將把這些遺產同她即將生產的孩子一起分配。如果生的是兒子，母親應分得兒子份額的一半，如果生的是女兒，母親就應分得女兒份額的兩倍。但是，如果這個古希臘寡婦生的是一對雙胞胎而且是一男一女呢？她丈夫留下的遺產又該怎麼分呢？這個問題難倒了負責分配遺產的律師。那麼，你知道遺產該怎麼分嗎？

24. 燃香計時

● 難易度：★　　完成時間：　　分　　解答：164頁

　　古時候，人們沒有鐘錶，通常習慣用點香的方式計時，就像我們經常在古代的著作中看到的「一柱香的時間」。現在有支特殊的香，如果你點燃它的一端，它就會燃燒一個小時。但由於香是不均勻的，中間有些地方粗，有些地方細，所以它並不是以均勻的速度燃燒。比方說，從點燃的時候算起，到30分鐘時，香未必恰好燃到它長度的一半。

　　如果給你2支這樣的香，它們都是不均勻的，而且長度粗細也並不相同，但是都能準確地燃燒1小時。在沒有其他途徑測量時間的情況下，你能用這2支香準確測出45分鐘嗎？

25. 糊里糊塗的顧客

● 難易度：★★　　完成時間：　　分　　解答：164頁

　　郵局的工作人員都很熱情周到。他們每天不僅要兢兢業業地工作，同時也要應對很多顧客臨時發生的狀況。這就需要他們的耐心和熱情了。比如說有一次，一位顧客拿著一堆信來郵局郵寄。但是他糊裡糊塗的，不知道該買多少郵票，

於是他遞給郵局賣郵票的職員1元，說道：「我要一些2分的郵票和10倍數量的1分的郵票，剩下的全要5分的。」郵局的職員聽傻了，他還要計算一下怎樣才能滿足這個糊里糊塗的顧客的要求呢？你知道應該怎樣做嗎？

26. 需要幾隻雞

● 難易度：★★★　　完成時間：　　分　　解答：164頁

　　紅紅家開辦了一個養雞場，紅紅特別愛吃雞蛋。每天都要自己跑到雞窩裡拿雞蛋讓媽媽煮著吃。媽媽笑她是個小饞貓。

　　可是有一天紅紅不吃雞蛋了，這是為什麼呢？原來，紅紅學校的老師生病了，紅紅好難過。老師是為他們才得的病。老師家裡的生活狀況很不好，老師一直有貧血的毛病，但缺錢買營養品補血。紅紅托著小腦袋想了又想，突然想到一個好主意。媽媽不是說雞蛋是營養品嗎？那給老師吃雞蛋吧。於是紅紅把每天的雞蛋收起來，要等收集的夠多然後送給老師吃。紅紅的媽媽見紅紅突然不吃雞蛋了，覺得很奇怪，於是問紅紅為什麼不吃了。紅紅說，老師生病了，她要把雞蛋留給老師吃。紅紅的媽媽聽了十分感動。她告訴紅紅，讓紅紅養5隻雞，等這5隻雞下蛋之後，就收集起來送給老師吃。紅紅很高興。可是5隻雞5天一共生5個蛋，她要在50天內收齊50隻雞蛋，那麼她的5隻雞夠嗎？

27.

巧解難題

● 難易度：★★　　完成時間：　　分　　解答：165頁

急診室裡來了一位急症病人，三位醫生需要輪流給這位患者進行手術，但不巧的是手術室裡只剩下2副無菌手套了。醫院規定，如果無菌手套與醫生的手相接觸，就不能再用於接觸病人了，其他的醫生也不能接觸被污染的手套。幸好這種無菌手套兩面都可以使用。在這樣的情況下，怎樣安排三位醫生戴這2幅手套，並且避免病菌的交叉感染呢？

28.

老王進城

● 難易度：★　　完成時間：　　分　　解答：165頁

老王很少進城，因爲在農村生活慣了，城裡的東西太複雜了，老王看不明白。而且，最重要的是城裡的消費太高了。老王一年賺的錢不夠城裡人一天消費的。城裡什麼都好，就是沒錢消費。所以老王還是自在地過著他的農村生活，挺平淡，挺寧靜，一年賺的錢足夠下一年吃飯的了。可是，城市的生活還是吸引著其他的農村人，他們都願意出去見見世面。老王的兒子小王就被這股城市風推進了城裡，而且還賺了點

錢，於是小王就把父親老王接到了城裡。老王每天沒事的時候就出去轉轉，看看這個五彩斑斕的城市。這天，老王在外面逛的時間太長了，覺得肚子餓了，於是他走進一家小飯館。老王捨不得花錢，所以就點了點很便宜的飯菜。結帳時，老王花了6元。他只知道他的炒菜比主菜多花了5元，那麼老王的主菜花了多少錢？

29. 筐子裡的雞蛋

● 難易度：★★　　完成時間：　　分　　解答：165頁

　　小桂是村子裡的養雞專業戶，同時她還是雞蛋專業戶。每天她都要把滿滿一籃雞蛋送進城裡賣。她的雞下的蛋又大又好吃，城裡的人都特別喜歡。藍藍的爸爸在城裡的市場專門收購雞蛋，然後再賣出去。小桂常常把雞蛋賣給藍藍的爸爸，藍藍的爸爸也很願意高價收購這些雞蛋。

　　這天是週末，藍藍的爸爸準備休息一天陪藍藍去郊外呼吸新鮮空氣。藍藍高興極了，因為爸爸已經好長時間沒有陪她玩了。藍藍跟爸爸來到郊外，郊外的空氣好好啊，很新鮮，還帶著野花的香氣。藍藍拉著爸爸的手高興地邊走邊唱歌。這時爸爸說：「爸爸帶你去看看小桂阿姨的養雞場怎麼樣？」藍藍也很喜歡吃小桂的養雞場出產的雞蛋，於是高興地答應

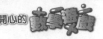

了。藍藍和爸爸來到養雞場，藍藍驚訝極了，這麼多雞啊！小桂帶著藍藍和爸爸參觀了她的養雞場。這時，運送雞蛋的大車來了，小桂急忙幫著工人往籃子裡面裝雞蛋。於是爸爸給藍藍出了一道問題：「往一個籃子裡放雞蛋，如果籃子裡的雞蛋數目每分鐘增加一倍，一小時後，籃子滿了。請問：在什麼時候是半籃雞蛋？」藍藍思考了半天，也沒有回答上來。聰明的你能回答嗎？

30. 關口

● 難易度：★　　完成時間：　　分　　解答：166頁

在古代，以農為重要的根本，人們都重農輕商。政府對待商人不僅不給予優惠的政策，反而層層盤剝，商人們苦不堪言。不光中國如此，在歐洲也是這樣。古代歐洲的一個地方有這樣一個規定：商人如果運送商品進城，每經過一個關口，就要被沒收一半的錢幣，再退還一個。那麼，也就是說，當商人運送貨品到達目的地的時候，他所獲得的利潤就會很小很小了。

這天，歐洲的這個地方的商人帶著商品準備進城。他要經歷10個關口。在他經歷10個關口之後，就剩下兩個錢幣了。那麼，你知道這個商人最初共有多少個錢幣嗎？

31.

共乘的問題

● 難易度：★★　　完成時間：　　分　　解答：166頁

　　時下，「共乘」是很流行的乘車方式。兩個人的目的地相同或順路的話，可以商量好共同乘坐同一輛計程車，然後分攤路費。有一天，甲先生乘計程車外出辦事，走到一半的時候，遇到了乙先生，兩人的目的地相同，於是兩人商量一同乘坐計程車外出，然後一起返回。

　　計程車的費用一共140元，甲先生對乙先生說：「將全部路程的一半作為1個單位，我用車的路程是4個單位，你用車的路程是3個單位。所以我應該負擔的費用是全部費用的 $\frac{4}{7}$，也就是80元，而你應該付剩下的60元。乙先生倒不是不願意分擔車費，只是他覺得甲先生的算法有些問題。你知道問題出在哪裡嗎？

32. 數學王國

● 難易度：★★　　完成時間：　　分　　解答：167頁

　　話說小猴子樂樂在數學王國裡面玩的不亦樂乎，並且學到了不少數學知識。樂樂很想再在數學王國玩幾天。可是，牠的旅行時間已經到了。小猴子很是捨不得。後來還是導遊姐姐主意多，她帶小猴子來到抽獎機前，說：「如果你再次抽中在數學王國旅行的遊覽券，那麼你就可以繼續留在數學王國玩了。」小猴子很高興，先祈禱了一番，閉上眼睛，很誠懇地抽了一張。小猴子真的很幸運，牠又抽中了數學王國兩日遊的獎券。小猴子高興地蹦了起來。

　　於是，導遊姐姐帶著小猴子繼續遊覽數學王國。這次，他們來到了規律城。規律城裡都是數學規律，小猴子看得眼花撩亂，一直忙著尋找數學規律，真是神奇極了。這時，導遊姐姐問小猴子，數學王國裡面的規律有只存在某幾個數字中的，也有普遍存在的。比如：隨意說出2個數字，你能迅速算出牠們的和減去牠們的差的結果嗎？如，125和43，310和56。

　　小猴子算了算，一下子就發現了規律。那麼，你發現了嗎？

33.

裝磁磚

● 難易度：★　　完成時間：　　分　　解答：167頁

　　一家建材老闆頭腦特別靈活聰明，他為了銷售和運貨的方便，把每1000塊磁磚巧妙地裝在10個箱子裡，這樣不論顧客要買多少塊磁磚，他總是拿幾隻箱子就可以滿足對方的需求，根本不需要打開箱子一塊塊地數，這幾隻箱子裡的磁磚就正好是顧客所要買的數量。你知道這位老闆是怎麼分裝的嗎？

34.

有多少隻羊

● 難易度：★★　　完成時間：　　分　　解答：167頁

　　順子跟二黑家裡都養羊。而且，順子和二黑也是好朋友加同班同學。他們都喜愛數學，喜歡計算。每天放學，他們一起放羊。羊去吃草了，順子和二黑就一起算數學題，越算越有興趣，不知不覺會一直算到天黑。

　　這天，順子跟二黑商量放學還一起放羊。放學後，順子先帶著一群羊出發了，二黑因為家裡有事，所以後來趕了上來。二黑牽了一隻羊追上順子，對順子說：「你這群羊有100隻嗎？」順子想了想回答說：「如果再有這麼一群羊，再加半群，又加上$\frac{1}{4}$群，再把你的一隻羊湊進來，就湊滿100隻了。」

　　那麼你知道順子原來有多少隻羊嗎？

35. 果汁有多重

● 難易度：★★　　完成時間：　　分　　解答：168頁

　　這個夏天天氣炎熱，朋朋特別怕熱，所以一個勁地想喝水。他每天要消耗掉好幾瓶礦泉水。

　　這天，朋朋家搬家。他很高興，天氣很熱，但他沒有時間喝水。等到了中午，他很渴很渴，為了補充能量，於是朋朋去超市買了一大瓶果汁。回到新房子裡，他突發奇想，想要稱稱果汁的重量是否和瓶子上標的一致。正好他身邊有個秤。他把整瓶的果汁放在秤上，發現連瓶子共有3.5千克，和瓶子上標的很一致。現在，他喝掉半瓶果汁，他再次稱的時候連瓶子還有2千克。那麼，你知道瓶子有多重？果汁又有多重嗎？

36.
應該戒煙

● 難易度：★★　　完成時間：　　分　　解答：168頁

　　路德先生很愛吸煙，每天能抽三四包煙，沒有煙他覺得生活沒有趣味，會覺得心理壓力很大。他一根接一根地吸煙，屋子裡總是煙霧瀰漫。路德夫人十分擔憂，一方面擔心自己丈夫的身體，一方面覺得每天家裡的空氣會影響孩子的身體健康。

　　這天，路德先生咳嗽不止，路德夫人帶他去看醫生。醫生給路德先生做過檢查之後，發現路德先生的肺情況很是不好，他的肺部有可能會穿孔。醫生發出最後通告：如果他再不把煙戒掉，他的肺部就會穿孔。路德夫人告訴路德先生這個消息，懇求路德先生戒煙，路德先生好好思考了一下，決定為家庭負責，準備戒煙。但是他又說：「我抽完剩下的8支煙就再也不抽了。」可是，眾所周知，路德先生的抽煙習慣是，每支香煙只抽 $\frac{1}{3}$，然後用透明膠把3個煙蒂接成一支新的香煙，然後再繼續抽。那麼，根據他的生活習慣，在他戒煙前還要抽掉多少隻香煙？

37. 該補償多少

● 難易度：★　　完成時間：　　分　　解答：168頁

鵬鵬和小寧賣了一批舊書，每本書所賣的價格正好等於書的總數。他們用賣舊書的錢，以每本10元的價格又買了一批新書，又以不到10元的價格買了一個漂亮的筆記本，正好把錢花完。他們將這些書「你一本，我一本」地平分，最後正好多出一本書和那個筆記本。他們商量好，為了公平，拿走筆記本的人得到一些錢作為補償。那麼，他應該得到多少補償才公平呢？

38. 切蛋糕

● 難易度：★　　完成時間：　　分　　解答：169頁

小明快要過生日了，他天天盼望這一天，因為那天他可以穿新衣服可以吃生日蛋糕了。小明媽媽提前跟蛋糕店預定好了一個大蛋糕，上面寫上：「祝寶貝兒子生日快樂。」

很快，小明生日這一天到了，小明一大早就起床了。媽媽幫他穿好新衣服，收拾好屋子就去蛋糕房取小明的生日蛋糕了，小明跟奶奶在家等著。這時，小明的姑姑、姑父、叔

叔、嬸嬸都來給小明慶祝生日。小明高興極了，因為姑姑和姑父給他買了個玩具手槍，叔叔和嬸嬸給他買了個變形金剛，這都是小明早就盼望的生日禮物，小明特別喜歡。這時，媽媽回來了，媽媽給小明帶回了生日蛋糕，小明趕緊把玩具放下，一個勁地要吃蛋糕。這時，爸爸告訴小明，讓小明自己切生日蛋糕，要先數數家裡有多少人，然後分蛋糕。小明認真地數了數，算上自己家裡一共有8個人，那麼應該怎麼分呢？爸爸問他要是切成8塊，至少需要切幾刀？

該怎麼辦呢？你能幫幫小明嗎？

39. 多少架模型

● 難易度：★★　　完成時間：　　分　　解答：169頁

明明的叔叔在一家玩具工廠上班，明明特別喜歡叔叔廠子裡生產的玩具。叔叔廠子裡的玩具不僅樣式新，而且設計也很特別。明明最期待的事就是去叔叔的玩具廠參觀。叔叔說，等明明放了暑假就可以去參觀了。明明每天都期待趕緊放暑假。

終於等到放暑假了，明明一大早就起床等叔叔來接他。因為玩具廠在郊區，所以明明跟叔叔要早點出發。

一路上，明明興奮極了，心裡一個勁地盼望汽車能早點

到玩具廠，路上的美麗景色都吸引不了他的目光。

　　一個小時後，汽車終於到了玩具廠門口。聽說明明是來參觀的，玩具廠的叔叔阿姨都很歡迎他。

　　叔叔帶明明參觀了毛絨玩具製作車間，芭比娃娃製作車間，最後他們來到了模型飛機製作車間。明明最喜歡飛機了，他的夢想就是長大做一名飛行員。看著車間裡的叔叔阿姨非常辛苦地工作，一個個飛機模型在他們的手裡成型，明明心裡很感動。

　　參觀完了，臨走之前，玩具廠的廠長伯伯還送給明明一架飛機模型，明明特別高興。

　　在回家的路上，叔叔給明明出了一道問題：「如果4名工人每天工作4小時，每4天可以生產4架飛機模型，照這樣計算8名工人每天工作8小時，那麼，他們8天能生產多少架飛機模型呢？」你會計算嗎？

40.

秤中藥問題

● 難易度：★★　　完成時間：　　　分　　　解答：**169**頁

　　有一堆20公斤的中藥，準備分成10包，每包2公斤，但是手中的工具只有一架天平和5公斤、9公斤兩個砝碼，怎樣才能用簡便的方法將中藥均勻分成10份？

41.

會遇到幾艘客輪

● 難易度：★　　完成時間：　　　分　　　解答：**170**頁

　　某一海運公司以安全準時著稱。每個旅行社和物流公司都願意跟它合作，覺得放心而且安全。

　　海運公司每天上午都有一艘客輪從香港出發開往拉斯維加斯，並且在同一時間公司都有一艘客輪從拉斯維加斯出發開往香港。每艘客輪無論是從香港開往拉斯維加斯還是從拉斯維加斯開往香港，都需要走7天7夜，那麼，如果說上午從香港出發的客輪，將會遇到幾艘從對面開過來的同一公司的客輪？

42. 埃及金字塔有多高

● 難易度：★★★　　完成時間：　　分　　解答：170頁

　　埃及金字塔是世界七大奇蹟之一，跟中國的秦始皇兵馬俑地下軍陣和萬里長城一樣，它們都是那個時代的人民智慧和汗水的結晶。相比現在的建築，它們的身上有太多的謎等待我們去發掘。

　　埃及金字塔是埃及古代奴隸社會的方錐形帝王陵墓。在埃及數量眾多的金字塔中，要數胡夫金字塔（胡夫，是古埃及的國王即法老之一）最高也最為出名。它的底邊長230.6公尺，由230萬塊重達2.5噸的巨石堆砌而成，它佔地53,900平方公尺。塔內有走廊、階梯、廳室及各種貴重裝飾品，全部工程歷時30餘年。吸引人們的不僅僅是它那華麗的外表和裝飾，幾個世紀以來，吸引著人們的還有它身上那些眾多的謎。

　　在古代埃及，金字塔是梯形分層的，因此又稱作層級金字塔。可是，人們沒法測量出胡夫金字塔的高度，因為金字塔塔身是斜的。該怎麼測量出它的高度呢？後來一位數學家解決了這個難題。你能猜到他是怎麼做的嗎？

43.

大媽趕集

● 難易度：★★　　完成時間：　　分　　解答：171頁

　　鄰居王大媽是個很會算計的人，日子過得很精細，買點什麼東西都要好好算計一番，覺得合適了才買。

　　這天，到了每月一次的大集了，集上的東西都很便宜實惠。王大媽一大早就趕著去趕集，生怕晚了便宜的東西賣沒了。王大媽在集市上逛了一圈，買齊了家裡要用的才往回走。在路上王大媽發現有一家新開張的鞋店，店裡的鞋品種很多而且很漂亮。王大媽試穿了一雙，覺得很舒服，但王大媽還是很關注鞋子的價錢，於是精心地挑了兩雙鞋後問多少錢？店舖的夥計說：「大媽真是好眼光，這種鞋是我們店最好的鞋，而且今天本店開張大吉，只收半價。」大媽聽了很高興，覺得很合算。剛要掏錢，但她又仔細想想說：「既然是半價，那我買你兩雙鞋，然後再把一雙鞋合成一半的價錢退給你，這樣我就不用再給你錢了。」夥計想了一下，沒有答應。你知道是為什麼嗎？

44.

壞天平問題

● 難易度：★　　完成時間：　　分　　解答：171頁

有一隻不正常的天平，它兩端的臂不一樣長，但是兩隻秤盤的不同重量可以使天平保持平衡。

當把3個砝碼放在右邊的秤盤上，把8個桔子放在左邊的秤盤上，天平可以保持平衡。如果把1個桔子放在右邊的秤盤上，把6個砝碼放在左邊的秤盤上，天平也可以保持平衡。已知每個砝碼的重量是100克。那麼1個桔子的真正重量是多少？

45.

小米、大米和玉米重多少

● 難易度：★★　　完成時間：　　分　　解答：172頁

大家知道農民伯伯種地收穫的糧食都去哪了嗎？農民伯伯每年收穫莊稼之後，就把一部分糧食儲存起來，玉米放在圓柱形的倉裡，麥子磨成麵粉儲存起來。留著下一年賣錢或者自己家用。而另一部分就被農民伯伯賣給糧食收購站，收購站再把糧食加工，賣給我們。所以我們吃的糧食都是農民伯伯用汗水澆灌出來的。

這天，一位農民伯伯推著3袋糧食來到糧食收購站。大

米、小米和玉米分別裝在這3只袋子裡。但是農民伯伯來之前沒有把這些糧食過秤，只知道每袋糧食的重量都在35斤到40斤之間。而糧食收購站沒有低重量的秤，只有一台最少秤50斤的磅秤，那麼，要想秤出小米、大米和玉米各重多少斤，最多需要秤幾次呢？

46. 賣雞蛋

● 難易度：★★　　完成時間：　　分　　解答：172頁

　　從前，兩個農婦住鄰居，他們的男人每天出去做生意，於是這兩個農婦就常常在一起做做手工，聊聊家常。

　　這天，是趕集的日子。兩個農婦相約一起去趕集，但是他們的丈夫沒有給他們留下錢。兩個農婦很想去集市上買一些生活用品，於是，他們準備把自家的雞蛋拿出來賣了換錢。

　　這兩個農婦一共帶100個雞蛋去集市上賣。她們兩人的雞蛋一個帶的多，一個帶的少，但是當他們賣完算帳的時候發現竟然賣了同樣的錢。帶的雞蛋少的農婦對另一個說：「如果我有你那麼多的雞蛋，我能賣15元。」另一個農婦很納悶地說：「如果我只有你那麼多雞蛋，只能賣6元。」那麼，你知道他們兩人各帶了多少雞蛋嗎？

47.
雞兔同籠

● 難易度：★★　　完成時間：　　分　　解答：172頁

　　一天，爺爺帶小明去鄉下玩兒。小明看到有一家人將小雞和小兔關在一個籠子裡。爺爺問小明：「小明，你數數小雞和小兔一共多少隻？」小明數了數，一共36隻。爺爺又問小明：「那你看它們一共有多少隻腳呢？」小明數了數，雞腳、兔腳一共100隻。請問小朋友，小雞、小兔各有多少隻呢？

48.
巧秤藥粉

● 難易度：★　　完成時間：　　分　　解答：173頁

　　在化學實驗課上，同學們需要從一瓶70g的藥粉中取出5g來做實驗。而化學老師故意只給他們一架天平和一隻20g的砝碼。你知道該如何取得適量的藥粉嗎？

49. 文具多少錢

● 難易度：★　　完成時間：　　分　　解答：173頁

　　到學期末了，學校決定給三好學生頒發獎品。負責採購的老師到文具店來買獎品。售貨員向老師推薦了鉛筆、鋼筆、橡皮和圓珠筆等物品。老師發現2枝圓珠筆和一塊橡皮是3元；4枝鋼筆和一塊橡皮是2元；3枝鉛筆和1枝鋼筆再加上一塊橡皮是1.4元。請問，如果老師各種文具都買一種加在一起要多少錢？

50. 數學家的一生

● 難易度：★★★　　完成時間：　　分　　解答：174頁

　　小麗是一個愛學習的好孩子，尤其喜歡學數學。一天，小麗在家看書，鄰居小剛來找她，說有一件有趣的事要告訴她。小剛說他在書上看到了一件有趣的事，一位數學家把他的一生寫在墓碑上，而且描述成一道有意思的數學題。小剛想了半天百思不得其解，於是就來請教小麗。墓碑上是這樣敘述的：親愛的朋友們，這是我一生的經歷，如果您對數學感興趣的話不妨來算一算我的年齡。我生命的前 $\frac{1}{7}$ 是快樂的

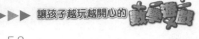

童年，過完童年，我花了 $\frac{1}{4}$ 的生命來鑽研學問。在這之後，我又結了婚。在婚後5年，我有了一個兒子，我當時感到非常幸福。可惜我的孩子在世上的光陰僅僅有我的一半。兒子死後，我在憂傷中度過了4年，接著也結束了我的一生。」

　　請問小朋友，你可以算算這位數學家活了多少年嗎？

51. 魚有多少條

● 難易度：★★　　完成時間：　　分　　解答：174頁

　　小白的爸爸很喜歡養魚，尤其是熱帶魚。這一天，爸爸把小白叫到魚缸前，笑著對小白說：「兒子，你看熱帶魚好看嗎？」小白說好看，並問爸爸魚缸裡都是什麼魚？爸爸說，魚缸裡一共有兩種魚，有好看的五彩神仙魚，還有虎皮魚。爸爸臨時給小白出了一道數學題。爸爸說，現在魚缸裡兩種魚的數目相乘的積數在鏡子裡一照，正好是兩種魚的總和。問小白這兩種魚各有多少條？

52. 切蛋糕

● 難易度：★　　完成時間：　　分　　解答：174頁

　　今天是玲玲的生日，姑姑來給玲玲過生日的時候給她買了一個大生日蛋糕，玲玲可高興了。但是姑姑卻說：「玲玲，姑姑今天送給你這個生日蛋糕，但是你要做一道數學題。做對了才能夠吃蛋糕哦。」姑姑說讓玲玲來切蛋糕。要求是：切1刀可以把蛋糕切成2塊，第2刀與第1刀相交切可以切成4塊，第3刀最多可以切成7塊。問經過6次這樣呈直線的切割，最多可以把蛋糕切成多少塊？

　　小朋友，你知道可以切成多少塊嗎？快來幫幫玲玲吧！

53. 數學王國的故事

● 難易度：★★　　完成時間：　　分　　解答：175頁

　　在數學的王國裡，數字都是有生命的。這天，1和3在這裡就玩上了。1說：「我最大，只有我在第一0才有意義，否則，他們什麼都不是！」看到1這個樣子3很不服氣。3說：「我是3，我比你大！我的數比你的都大！」正在它們吵得不可開交的時候，一個聲音說：「別吵了，你們都說自己大，

那你們比一下吧！」這下大家都不吵了，都看著這個小不點。小不點說：「我來計時，你們用5個1和5個3組成兩道最簡單的算式，使其答案都等於100。誰的時間短就算誰贏！」大家都同意這個比法。於是，1和3都請來了加、減、乘、除號兒幫忙。

　　請問，你可以用5個1和5個3組成兩道最簡單的算式，使其答案都等於100嗎？知道的話寫出來吧！

54. 奇怪的手錶

● 難易度：★　　完成時間：　　分　　解答：175頁

　　一天，老師帶小朋友們去科技館參觀。科技館裡新奇的東西可多了。在數學館裡小朋友們發現了兩隻奇怪的手錶。一隻表每小時要走慢2分鐘，而另一隻手錶每小時卻要走快1分鐘。帶隊的老師問小朋友們「小朋友們，你們誰能告訴老師，這兩隻奇怪的手錶什麼時候走得快的那一隻手錶要比走得慢的那隻手錶整整超前了1個小時？」有聰明的小朋友很快就說出了答案。老師笑著點了點頭。請問，你知道嗎？

55. 我的兄弟姐妹

● 難易度：★★　　　完成時間：　　分　　　解答：175頁

　　元旦時大家庭聚會，露露的小弟弟小霖數了一下自己兄弟姐妹的人數，發現自己的兄弟比姐妹多1人。那麼，露露的兄弟比她的姐妹多幾人？

56. 物理課上的故事

● 難易度：★★★　　　完成時間：　　分　　　解答：176頁

　　這節物理課老師講的是天平。先認識一下天平的砝碼。老師拿來了1克、2克、4克、8克、16克的砝碼各一個。認識完砝碼後，老師問大家：「學習了砝碼，也知道了他們的重量。那麼，稱量時，砝碼只能放在天平的一端，用這五種砝碼可以稱出幾種不同的重量呢？」

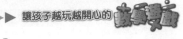
57. 誰的數最大

● 難易度：★★　　完成時間：　　分　　解答：**176頁**

　　這天小紅學習了數學中的平方運算。回到家裡她問媽媽：「媽媽，我們來比賽好嗎？」媽媽問：「怎麼比呢？」小紅說我們用1、2、3來做運算，可以做任何運算，最後看誰的數最大！

　　媽媽想了想寫出了一個數。看著小紅皺眉頭的樣子媽媽提醒小紅：「你今天數學學的什麼？」經媽媽一提醒，小紅想起來了，她笑了笑在紙上寫下了一個數。母女倆笑了，原來她們倆寫的數一樣大！

　　小朋友，你猜她們寫的是什麼數呢？

58. 扎針問題

● 難易度：★★★　　完成時間：　　分　　解答：**177頁**

　　某學校開學，為學生做了全面檢查，其中包括化驗肝功能，透過驗血後分析的情況來決定每一個人需要注射幾針乙肝疫苗。結果出來後，班長做了統計，發現全班45人中，有16%的人需要注射兩針，另外有68%的人需要注射一針，其餘的人不用注射乙肝疫苗。那麼你知道醫院應為這個班準備多少支注射劑嗎？

59. 擺棋子

● 難易度：★　　完成時間：　　分　　解答：177頁

　　我家小區門口有一個看門的老爺爺，每天從門口經過時我都能看到他在擺弄他的棋子。有一天，我好奇地走上去問他「您在這幹什麼呢？」他笑笑說：「正好，你看，這個桌子刻有16個小方格，桌子上面有10個棋子。我想嘗試用這10個棋子擺出最多的偶數行，即橫排、豎排和斜排上的棋子都是偶數。」聽他說完，我也跟著想起來了。正當我百思不得其解的時候，一個在旁邊的叔叔說：「我來試試！」只看他兩三下就排出來了，並且自稱偶數行是最多的。

　　你知道他是怎麼排列的嗎？

60.

怎樣排隊

● 難易度：★★　　完成時間：　　分　　解答：178頁

上課了，數學老師走進教室，告訴大家今天的數學課在室外上，大家到室外集合。老師說：「大家分成幾組，每個組10個小朋友。」小朋友們迅速地進行了分組，按照老師的要求每組10人。老師又說：「現在你們來自己排列，要10個人站成5排，並且要每排4個小朋友。你們想想要怎麼站呢？」這下可難壞了大家。10個人站成5排，按照除法運算，每排只能站2個人，老師怎麼要求站4個人呢？請問，你會排列嗎？怎麼才能站成老師要求的那樣呢？

61.

有趣的生日

● 難易度：★　　完成時間：　　分　　解答：178頁

有一個可愛的寶寶，兩天前是2歲，今天是3歲，今年過生日的時候就有4歲了，而明年過生日時將是5歲。

這樣的情況可能在現實中發生嗎？如果可能的話，寶寶的生日是幾月幾號呢？

62.

典典分糖

● 難易度：★★　　完成時間：　　分　　解答：179頁

　　典典生病了，一天都沒有去上學。正當典典在屋裡休息的時候，媽媽進來了，說：「典典，你看誰來了？」典典一看是同學們來看她了，她高興極了。忙叫媽媽給同學們拿好吃的東西，並且把自己珍藏了很久的糖果拿出來分給同學們吃。可是分來分去，典典很為難。因為如果每人分5顆那還少3顆，如果每人分4顆就還剩3顆，而典典想把糖都分給大家。

　　那麼，小朋友，你知道典典家來了多少個同學，她自己又有多少顆糖要分嗎？快來幫她解圍吧！

63.

物物交換

● 難易度：★★★　　完成時間：　　分　　解答：179頁

　　A、B、C三個人打算交換文具。

　　A對B說：「我用6個本換你1支鋼筆，那麼你的文具數將是我所有文具數的2倍。」

　　B對C說：「我用4個本換你1支圓珠筆，那麼你的文具數將是我的6倍。」

C對A說：「我用14支鉛筆換你1支鋼筆，那麼你的文具數將是我的3倍。」

你能說出他們三人各有多少文具嗎？

64. 數字的故事

● 難易度：★★★　　　完成時間：　　分　　解答：180頁

數字是數學世界裡的基本元素，每個數字都是一個小精靈。這不，1～9這九個數今天湊到了一起，大家你一言我一語地聊了起來。數字「4」說話了：「我們兄弟幾個難得今天湊到一起，不如我們來做遊戲吧！」其他人聽了「4」的提議紛紛表示贊同，可是做什麼遊戲呢？大家又不知道了！正在它們都爲難的時候，「8」說：「不如這樣吧，我們一共9個人，我們就用這9個數字組成三個算式，每個數字只能用一次，但最後大家都能被用上，而且只允許邀請加號和乘號來參加。看看能不能列出這樣的式子來！」聽了「8」的話大家表示同意，都躍躍欲試。於是他們請來了加號姐姐和乘號妹妹，大家就開始想怎麼組式子了。

小朋友，你能組成上面「8」說的三個式子嗎？寫寫看吧！

65. 數學日曆

● 難易度：★★　　完成時間：　　分　　解答：180頁

小朋友，你們家裡有日曆嗎？那你知道可以拿日曆來做數學題嗎？

日曆上的日期都是一個個單獨的數字，它們都是由0～9這10個數字組成的。你知道它們除了可以告訴我們每天的日期之外，還有什麼用途嗎？我們可以用它們來做算術，不管是加法還是減法，都可以。

下面請小朋友們來做一個遊戲，就是在日曆上連續撕掉9張，使這9張上的日期數相加是54。請問，撕的第一張日曆是幾號？最後一張又是幾號呢？想一想，怎麼撕呢？

66. 幾根蠟燭

● 難易度：★　　完成時間：　　分　　解答：180頁

一天，媽媽在和寶寶玩遊戲。媽媽拿著寫有數字和拼音的卡片給寶寶，讓他來念。寶寶很聰明，媽媽教過一遍他就能記住。媽媽說：「寶寶，我們玩別的吧！」寶寶忙問媽媽玩什麼？媽媽說：「我給你出一道題，看你能不能馬上答上

來！」寶寶說：「好啊！」

媽媽說：「假如現在外面在下雨，風很大，把電線桿吹倒了，屋裡停電了。我們開始點蠟燭，一共點了8根蠟燭，可是我們忘記關窗子了，風把蠟燭都吹滅了。第一次吹滅了3根，第2次又吹滅了2根。等把窗戶關上之後就再也沒有吹滅過蠟燭了。寶寶你說，最後能剩下幾根蠟燭呢？」寶寶想了想說了一個數，媽媽笑著搖了搖頭。

小朋友，你說最後還能剩下幾根蠟燭呢？

67. 水鄉烏鎮

● 難易度：★★　　　完成時間：　　分　　解答：181頁

烏鎮是中國江南一座美麗的水鄉。小李乘坐烏鎮特有的小船順流而上欣賞沿途風光。在透過一座橋的時候，他的帽子不慎掉在河水中順流漂走。由於沉浸在優美的風光之中，等他發覺時已經過了3分鐘。於是他立即讓小船掉頭，順流追趕帽子。當他追上帽子的時候，距離那座橋正好300公尺。

請問：河水的流速是多少？

68. 小明運算

● 難易度：★★★　　完成時間：　　分　　解答：181頁

　　一天，小明放學回到家告訴媽媽，他今天學了數學裡的四則運算。媽媽很高興，一邊做飯一邊誇獎小明。在一旁幫媽媽做飯的爸爸聽到了就問小明：「四則運算學了，那你現在能做題了嗎？」小明不以為然地說「當然可以了！」爸爸又說：「那好！我來給你出一道數學題，考考你今天學的知識，看你是不是真正地學會了四則運算。」於是爸爸連著出了幾道混合運算的題目都沒有把小明難住，爸爸覺得很高興，因為他的兒子很聰明。爸爸想了想，又說：「兒子，你按照9、8、7、6、5、4、3、2、1的順序，在這9個數字的每兩個數字之間適當地添加上＋、－、×、÷等運算符號，列出一道算式，使答案都等於100。看你能列出幾種式子呢？」這下可把小明難住了，要用9個數字，而且加減乘除都要用，最後還要等於100。小明發愁了，在紙上算來算去，怎麼算都不對。小朋友，你會做這道運算題嗎？快來幫幫小明吧！

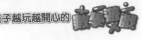

69. 趣味競賽

● 難易度：★★　　完成時間：　　分　　解答：182頁

　　學校裡要準備數學趣味競賽，五年級的寧寧和蘭蘭都想參加。她們兩個人都報了名。寧寧和蘭蘭是鄰居，又是很要好的朋友，所以每天下課後兩個人都要到一起來準備競賽的事。有時寧寧給蘭蘭出一些計算題，有時蘭蘭給寧寧出題。這一天，蘭蘭拿來了一道題問寧寧，說她自己算不出來，讓寧寧幫忙算一下。寧寧看了一下，題目是這樣的：小朋友，有一個奇怪的三位數，減去7後正好被7除盡；減去8後正好被8除盡；減去9後正好被9除盡。你知道這個三位數是多少嗎？寧寧想了想就開始埋頭算起來，一會兒她就算出來了。小朋友，你也來算一算吧，這個奇怪的三位數到底是多少呢？

70.

玩撲克牌

● 難易度：★★　　完成時間：　　分　　解答：182頁

　　小紅、小亮姐弟兩個和小王、小剛是好朋友，他們四個常常在一起玩。

　　今天是週末，於是小紅、小亮來找小王、小剛玩。來的時候，小王和小剛正在玩撲克牌，小紅和小亮說也要一起玩。他們四個人就玩起了撲克牌。他們四個人一共抽了9張牌，每人抓了2張，還剩下1張。現在我們知道，小紅抓的2張牌之和是10；小亮抓的2張牌之差是1；小王抓的2張牌之積是24；小剛抓的2張牌之商卻是3。

　　請問小朋友，如果這9張牌是1～9幾個數字，你能猜出他們四個手裡各是什麼牌嗎？剩下的又是哪張牌呢？

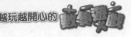

71.

剪刀、石頭、布

● 難易度：★★　　完成時間：　　分　　解答：182頁

　　成成特別喜歡跟爸爸玩，因為爸爸總能在每次玩的時候教成成新的數學運算。

　　這天，成成又在和爸爸玩剪刀、石頭、布的遊戲。爸爸每次都能贏成成，成成很不服氣，決心一定要贏爸爸一次。玩了一會兒，成成贏了爸爸，但可以看出來，爸爸在讓著自己。成成不滿意，要和爸爸玩兒其他的遊戲，還要爸爸教他一個新遊戲。爸爸想了想，問成成：「兒子，爸爸教你一個新遊戲。你記住了，這個遊戲要兩隻手一起出，而且咱們兩個人出的相同拳法不能連續出2次，連續出10次才能決定勝負。」成成說：「好的，我聽明白了。」於是，父子倆就玩了起來，可是這次成成還是總輸。成成嘟起了小嘴，不高興了。說：「爸爸，你怎麼一直贏啊？我怎麼就不行呢？」爸爸笑了笑，說：「兒子，這裡面是有規律的，你仔細想想。」

　　成成和爸爸玩的遊戲你會嗎？那麼，爸爸怎麼能做到總贏呢？

72. 兩姐妹的遊戲

● 難易度：★　　完成時間：　　分　　解答：183頁

蘭蘭和盈盈是兩姐妹，她們都很聰明可愛，而且她們都喜歡數學計算，每次她們都會編些數學遊戲，然後大家一起猜。

這一天，兩姐妹放學湊到一起又玩起來了。玩著玩著她們就覺得無聊了。於是蘭蘭說：「妹妹，我們來數數吧！」盈盈疑惑地問：「怎麼說呢？」

蘭蘭說：「我們從1到10中說出各自喜歡的數，把每次我們說的數相加，最後再求出總和。總和達到或者超過100的就算輸。」

盈盈覺得很有意思，就說：「好啊！」開始玩了，姐姐總是贏妹妹，妹妹很不高興，但又說不出什麼方法能贏過姐姐。後來，妹妹拉著姐姐一定要姐姐告訴贏的方法。小朋友，你仔細想一想，蘭蘭是用什麼方法贏過妹妹的呢？

73. 時間問題

● 難易度：★★　　　完成時間：　　分　　　解答：183頁

　　歡歡和樂樂姐弟兩人放暑假了。媽媽給他們兩個人安排好了計劃，既讓姐弟兩個玩得很充實，同時也有學習的時間。

　　今天是週末，他們兩個人的叔叔休息，於是姐弟兩個準備去叔叔家玩。臨走前媽媽規定他們要在下午4點鐘之前回家。

　　姐弟兩個來到了叔叔家，叔叔嬸嬸很熱情地招待他們兩個，他們在叔叔家玩得很高興。吃過午飯，樂樂跟姐姐說要計算好回家的時間，省得回家晚了媽媽著急。可是歡歡一看叔叔家的掛鐘發現表已經停了。叔叔說可能是電池沒電了，給掛鐘換上電池就行了。但是換上電池後時間還是不對。於是叔叔說去附近的超市給他們買零食順便去看看準確時間。

　　叔叔走著到了附近的超市，花了大約半個小時時間給歡歡和樂樂買了點零食，並在離開超市時看了一眼時間。回家之後，叔叔趕緊把掛鐘的時間調準。樂樂很奇怪，叔叔怎麼確定時間啊？叔叔笑了：「因為我去的時候和回來的時候走的快慢一樣而且是走的同一條路啊！」樂樂還是不明白，但是他看見那麼多好吃的就把這個問題拋在腦後了。回家的路上，樂樂又想起這個問題，於是讓姐姐給解答。姐姐很神秘地說：「你那麼聰明肯定明白的，要好好動動腦筋。」如果你是樂樂，那麼你應該怎麼考慮這個問題呢？

74.

烤燒餅

● 難易度：★★★　　完成時間：　　　分　　　解答：**184頁**

　　汪汪家附近有一家賣早點的。汪汪的爺爺每天早上都會去那兒給汪汪買剛出爐的燒餅。汪汪可喜歡吃那裡的燒餅了，又脆又香，汪汪一下能吃兩個。

　　今天汪汪起床早，於是爺爺帶他一起去買早點。

　　汪汪看見烤爐覺得很稀奇，因為跟家裡的烤箱不一樣。爺爺告訴他那是老式的烤爐，這樣烤出來的燒餅比別的烤箱烤出來的好吃。汪汪看見烤爐兩邊有兩個抽屜，每次能烤兩個燒餅，一個抽屜烤一個，而且一次只能烤一面，賣早點的叔叔要時不時地打開抽屜翻轉。

　　這時，叔叔放進一個壓好的燒餅，汪汪發現放進一個燒餅要3秒鐘，取出一個燒餅要3秒鐘，翻轉要3秒鐘，而且這些都要雙手進行，因此不能同時放取或同時翻轉兩個燒餅。當放進取出或翻轉一個燒餅時，不能給另一個燒餅抹油。燒餅烤一面要30秒，一個燒餅抹油要12秒。每一個燒餅只在一面抹油，烤過的面才能抹。一個燒餅烤過一面，抹上油再送入烤爐烤另一面。汪汪看的眼花繚亂，覺得很有意思。買完早點，爺爺在回家的路上問汪汪：「假設烤爐已預熱，那麼多長時間燒餅才能烤好並抹上油？」汪汪想了想剛才烤燒餅的

全過程，給了爺爺一個滿意的回答。但是爺爺又問：「這個過程所用的時間能減少嗎？」這下把汪汪難住了，你知道該怎麼做嗎？

75. 貼廣告

● 難易度：★★　　完成時間：　　分　　解答：184頁

　　小張失業了，現在的工作很難找，於是小張只能選擇去幫別人貼小廣告。小張負責的地區有2005根電線桿，它們都是等距離排列的，每兩根之間的距離稱為「桿距」。這天，小張領到了他的第一筆生意，給一家小診所貼廣告。診所給了小張2005張廣告，讓他貼在他所負責的地區的每根電線桿上。

　　因為小張所得的報酬是按他走過的「桿距」計算的，計費桿距計算的規則是：從他任意選定某根電線桿貼上第一張廣告算起，到他貼上最後一張廣告為止。如果中間有折返點，必須在某根電線桿處折返，折返處的電線桿上要貼廣告。那麼他應該想一種什麼樣的走法，才能使他走過的計費「桿距」最多，從而得到的報酬也最多。你能幫他列出N根電線桿時計費桿距的最大值的公式並證明它嗎？

76. 轉動的距離

● 難易度：★★★　　完成時間：　　分　　解答：185頁

　　一天，上數學課了。老師拿著兩個圓環進了教室，同學們正不知道是怎麼回事兒的時候，老師說話了：「同學們，今天我們學習的是數學中的周長。」說完在黑板上寫下了「周長」二字。接著老師講解什麼是周長，周長都和哪些要素有關，以及如何求周長？同學們認真地聽講，認真地記筆記。老師講到周長和圓的半徑直徑有關，又講了如何透過半徑直徑算周長。

　　「這是兩個圓環，半徑分別是1分公尺和2分公尺，如果小圓環在大圓環的裡面轉的話它自身需要轉幾圈？如果在外面轉的話又要轉幾圈呢？你們來算一算。」

　　同學們按照老師剛才講過的計算周長的方法算了起來。小朋友，你會做這道題嗎？

77. 毛毛熊

● 難易度：★★　　完成時間：　　分　　解答：185頁

　　毛毛非常喜歡毛毛熊，每天放學回到家都要拿著毛毛熊，愛不釋手。為了讓毛毛高興，爸爸媽媽決定每年在毛毛過生日的時候都送給她一隻毛毛熊玩具作為禮物。毛毛一天天長大了，她屋子裡的毛毛熊也越來越多了。有一天，家裡來了許多同學，大家看到她的毛毛熊都很吃驚，說：「毛毛，你的毛毛熊真多啊！」「當然了，爸爸媽媽從我出生時起一到我生日就給我送毛毛熊作為生日禮物，現在我已經有這麼多各式各樣的毛毛熊玩具了。」「不知道你一共有多少隻呢？我們給你數一數吧！」「好啊！」同學們就數了起來，天啊，一共有276隻各式各樣的毛毛熊呢，真多呀！

　　小朋友們，你們算算毛毛今年多大才能擁有這麼多的毛毛熊呢？

78.

運動服上的號碼

● 難易度：★　　　完成時間：　　　分　　　解答：186頁

　　小小要參加學校的運動會了，全家可高興了，小小每天放學還要練習跑步、跳遠。

　　終於迎來了學校運動會。小小可高興了，因為她每天練習特別用功，就等著在運動會上一展身手呢！小小的出色表現使她在學校的運動會上拿了兩個第一名，她也為集體贏得了榮譽。

　　小小參加完跑步、跳遠後就沒有自己的項目了，她回班裡休息的時候，同學們都鼓掌向她表示祝賀呢！小小高興極了。這時同桌走過來說：「小小，你太厲害了，跑步和跳遠都拿了第一名。快說說你是怎麼練習的啊？」說著還玩起了小小的運動服上的號碼。她一邊說一邊問旁邊的同學：「我來考考你吧！小小的運動服上的號碼是4位數，如果把它倒過來看還是4位數，但是比之前的要多7875，你猜，小小運動服上的號碼是什麼？」

　　小朋友，你能猜出小小運動服上的號碼是什麼嗎？來幫幫這位同學吧！

79.

打了幾隻兔子

● 難易度：★　　完成時間：　　分　　解答：186頁

　　在山裡，一到冬天獵人就要出動去山裡打野味兒了，一方面打的兔子的毛可以賣錢，另外還可以給孩子們弄些肉回來。這一天，獵人張三準備去山上打野味兒，妻子早早就起床來給他準備要帶的東西。張三在孩子們盼望的眼神中出發了。等到天黑時，張三回來了。妻子上前問他今天打了多少獵物？張三想難為一下妻子，就慢條斯理地說道：「打了6隻沒頭的，8隻半個的，9隻沒有尾巴的。」聰明的妻子馬上就明白他打了幾隻。小朋友們，你知道嗎？

80.

山羊與白菜

● 難易度：★★　　完成時間：　　分　　解答：186頁

　　南南家養了好多隻小羊，這些小羊特別可愛，從媽媽的肚子裡出來以後，過幾天它們就能獨立進食了。每天南南放學回到家都要到後山上去給小羊割草。你別看它們個子不大，可飯量可不小！它們要是在後山上玩兒累了，晚上回到媽媽身邊的時候就能吃掉好多草呢！

一天，南南又像往常一樣給小羊們割回了草。媽媽看著就問南南：「南南，媽媽來給你出一道算術題吧，看你會不會。」南南說：「好啊！」媽媽想了想就說：「如果3隻小羊在6分鐘內吃掉3捆草，那麼一隻半的小羊吃掉一捆半的草需要多長時間？南南你知道嗎？」南南想了想高興地說：「3分鐘！」媽媽搖搖頭說不對！

小朋友，南南的回答為什麼不對呢？你覺得正確答案是什麼呢？

81. 面積比

● 難易度：★★★　　完成時間：　　分　　解答：187頁

明明上中學了，他的數學成績一直很好。可是，到了二年級的時候學校新開了一門幾何課，和以往的算術課不太一樣。幾何課上老師都在黑板上畫很多幾何圖形，明明每次都被這些幾何圖形弄得頭暈眼花的。結果，在期末考試中明明在班級裡的排名下降了。他為此很苦惱，對幾何課也失去了興趣。一天，正當明明在為一道幾何題撓頭的時候，表姐來了，看到明明難受的樣子就上前去問他：「你怎麼了？什麼問題把我們的小天才給難住了呢？」明明把作業本子推到表姐的面前，表姐一看，原來是一道幾何題啊，題目是這樣的：

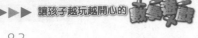

在一個正三角形中內接一個圓，圓內又內接一個正三角形。請問：外面的大三角形和裡面的小三角形的面積比是多少？

表姐看完笑了笑，就給明明在紙上重新畫了一個圖，把題目中給的條件都用上了。明明一看，就笑了。馬上就知道了答案，沒有計算。

你知道表姐給明明畫了一個什麼樣的圖嗎？你會解這道幾何題嗎？

82. 用多少時間

● 難易度：★★★　　完成時間：　　　分　　解答：187頁

改革開放了，農村也發生了新變化。小華家正準備挖一個蓄糞池，利用人和牲畜的糞便產生的沼氣來做飯、照明。星期天，小華沒有去上學，在家裡看大人們挖這個蓄糞池。爸爸說這個池子要挖得大些，這樣可以產生更多的沼氣。爸爸招來了很多叔叔一起來挖池子。大家齊心合力挖了一天才挖好這個大池子。晚上爸爸把小華叫到身邊問他：「你知道沼氣是怎麼產生的嗎？」小華搖搖頭。爸爸就把沼氣產生的過程給他講了一遍。最後，爸爸又說：「爸爸再給你出一道數學題，看看你會不會做這道題。」接著爸爸說：「今天來了11個叔叔，算上爸爸一共12個人挖這個池子，我們給家挖

了一個,又給李爺爺家挖了一個大池子。如果挖1公尺長、1公尺寬、1公尺深的池子需要12個人幹2小時,那麼你算算,6個人挖一個長、寬、深是它兩倍的池子需要多少時間呢?」小華想了想就算出來了。小朋友,你知道小華是怎麼算得嗎?你會算這道題嗎?

83. 電話號碼

● 難易度:★★　　　完成時間:　　　分　　　解答:187頁

　　夢夢上小學了,以前她的家在小城的東城區,因為爸爸換了工作,夢夢家要搬家了,要搬到另一座城市去。到了新家,夢夢問爸爸家裡的電話號碼是什麼?爸爸說:「我們家現在的電話號碼很好記,是一個人的生日。」夢夢不知道爸爸說的這個人是誰。爸爸又說:「這個新號碼是原來電話號碼的4倍,原來的號碼倒過來寫就是現在的新號碼!」

　　夢夢這下知道了家裡的新號碼。你知道夢夢家的新電話號碼了嗎?

84. 乘車

● 難易度：★★　　完成時間：　　分　　解答：187頁

　　達達上中學了，以前上小學的時候學校離家很近，他自己走著去上學就行。現在達達上了中學，學校離家也遠了。爸爸和媽媽說：「達達長大了，是個小男子漢了，可以自己坐車去上學了。」為此，媽媽給達達辦了一張乘車一卡通，達達每天刷卡上學、放學。一天，達達在等公共汽車時，碰到了小鄰居娜娜。娜娜問達達做什麼車上學？達達說：「汽車和電車都是每隔10分鐘就來一次，票價也一樣，只是汽車開過之後，隔2分鐘電車才來，再過5分鐘下一趟汽車又開過來。那你認為我坐哪一趟車更省事更划算呢？」娜娜以為這是一道數學題呢！

85. 摺紙遊戲

● 難易度：★★　　完成時間：　　分　　解答：**188頁**

　　丹丹上幼兒園了，幼兒園裡小朋友很多，大家在一起玩，還有老師，丹丹每天都很高興。這一天，奶奶接丹丹回家的路上問丹丹：「丹丹，今天在幼兒園裡玩什麼了？」丹丹說：「今天和小朋友一起溜滑梯。老師還叫我們數數了。奶奶，我都會從1數到100了！」看著她高興的樣子，奶奶也很高興。「奶奶，今天老師留作業了。」奶奶問老師留的什麼作業啊？「摺紙。老師說要拿一張紙，先摺一下，再對摺一下，要連續摺5次。還讓我們數數這張紙一共有多少個小長方形？奶奶你知道嗎？」奶奶想了想說「我當然知道了！」「我不知道。我不會。」說著丹丹嘟起了小嘴。奶奶說：「好孫女，我們回家，到家奶奶教你。」聽了奶奶的話丹丹才高興起來，拉著奶奶的手回家了。

　　你會做今天老師留的作業嗎？摺完有多少個小長方形呢？

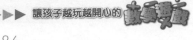

86. 喜咖啡

● 難易度：★★　　完成時間：　　分　　解答：188頁

　　蘭蘭7歲了，已經上小學1年級了。第1學期考試蘭蘭就考了班級第1名。媽媽決定帶蘭蘭去肯德基吃快餐。蘭蘭好高興。肯德基裡面有很多小朋友，像蘭蘭這麼大的這一天就有好幾個，她們一起溜滑梯，一起玩大輪船。媽媽看著蘭蘭，自己坐在一邊喝咖啡。蘭蘭玩了好長時間，玩了一身汗回到媽媽身邊。她吃著媽媽給她買的漢堡，喝著可樂。媽媽問蘭蘭：「今天高興嗎？」蘭蘭說：「今天最高興了。」媽媽說：「媽媽剛才要了1杯咖啡喝到一半的時候去阿姨那兒加了白開水，又到一半時又加了開水，這樣重複了兩次。你說媽媽喝了幾杯咖啡呢？」

　　聰明的蘭蘭一下子就說出來了。你知道蘭蘭的媽媽一共喝了幾杯咖啡嗎？

87. 寵物狗淘淘

● 難易度：★★★　　完成時間：　　分　　解答：188頁

　　吉米和他的寵物狗淘淘住在澳大利亞一個特別大的牧場裡。淘淘是牧場裡的看家狗。淘淘特別活潑，特別喜歡主人帶牠出去散步，每次牠都會跑的很遠，很快。

　　每星期吉米都會帶著他的狗出去散幾次步，他們通常會走的很遠。一天早上吉米帶著淘淘從牧場出發，小狗淘淘興奮地邊跑邊叫，一會在主人腳邊轉圈，一會又跑去前方等待主人。他們的速度保持不變，以恆定的每小時4英里的速度走了10英里。然後他們順原路返回。吉米在返程的時候沒有牽著淘淘，淘淘以每小時9英里的速度獨自向牧場跑去。當牠到達牧場後，又轉身跑向牠的主人，這時吉米仍以每小時4英里的速度向前行走。當淘淘遇到牠的主人後，再一次回頭飛奔向牧場，並保持著每小時9英里的速度。淘淘一直如此重複地奔跑著，一直跑到吉米回到牧場。淘淘跟吉米一起進門。

　　在整個返回路程中，淘淘和吉米各自的速度保持不變，分別為每小時9英里和每小時4英里。那麼你能算出從返程開始一直到淘淘和牠的主人一起進入牧場的整個過程中小狗淘淘一共跑了多少路程嗎？

88.

牛吃草

● 難易度：★★　　　完成時間：　　　分　　　解答：189頁

　　你知道養一頭牛需要耗費多少草嗎？你知道牛與草之間存在著什麼樣的關係嗎？著名物理學家牛頓把牛與草的關係做成了數學題，清楚地展示了牛與草之間的數學關係。牛頓在他的《普通代數學》一書中提出了下列問題：三個牧場，分別是3公頃、10公頃和24公頃。這三個牧場種草的條件完全相同，種草的方法和生長狀況也相同。在第一個牧場裡有12頭牛飼養了4周；第二個牧場，有21頭牛飼養了9周，這時前兩個牧場的草全部吃光了，不得不停用。問第三個牧場18周內能飼養幾頭牛？

89. 魔術硬幣

● 難易度：★　　完成時間：　　分　　解答：190頁

　　魔術世界充滿了神秘，誰都想探知其中的奧妙。不過，這其中的奧妙也許只有魔術師才知道吧？我們無法解釋。魔術師也不會都解釋給我們聽，因為那是他們的世界，作為旁觀者，我們只能看著表面的神奇感歎了。不過今天我可以為大家揭密一個神奇的硬幣魔術。

　　最美妙的硬幣魔術常常被解釋成超感官的感知。其實它實際上是數學中的奇偶概念的一個例子。魔術師讓某個人在桌子上擲一把硬幣，快速看一下結果，然後轉過身去，讓這個人隨機將一對對硬幣翻個面─隨便他想翻幾對，然後要求這個人遮住其中一枚硬幣。

　　當魔術師轉回身來，他可以立刻說出被遮住的硬幣是正面還是反正。你知道這是怎麼回事嗎？

90. 最後一個活著的人

● 難易度：★★★　　完成時間：　　分　　解答：190頁

　　古羅馬的角鬥場在世界十分著名。它不僅是古羅馬帝國的象徵，是勇氣的象徵，更是血腥和殘忍的象徵。

　　在角鬥場上，有角鬥士與角鬥士的對戰，也可以說是人與人的對戰；有獸與獸的對戰；也有人與獸的對戰。當人或者是獸在角鬥場中央浴血奮戰的時候，他們的觀眾是統治階級，統治階級用這種血腥的手段滿足自己的眼睛，他們不顧角鬥場上人或者獸的生與死，只關注著那場戰爭的勝與敗。

　　在角鬥場上賺扎的不僅僅有角鬥士和動物，還有即將處決的罪犯。古羅馬的皇帝把要處決的罪犯送進角鬥場，讓他們在跟野獸角鬥的過程中要麼放棄自己的生命被野獸吃掉，要麼拼盡全力把野獸打死。當然，大多數的罪犯都會被野獸吃掉，因為皇帝放進角鬥場的野獸是獅子，沒有誰能打得過獅子。

　　今天又到了皇帝處決罪犯的日子，古羅馬的監刑官今天的職責就是處決36個囚犯，讓他們被角鬥場裡的獅子吃掉。獅子每天吃6個人，而囚犯中恰有6個人讓監刑官恨之入骨，但監刑官又想表現得公正無私。如果監刑官讓那些囚犯圍成圈，那他如何安排這6個人的位置才能使他們都在第一天被獅子吃掉。

91. 1、2、3之謎

● 難易度：★★　　完成時間：　　分　　解答：190頁

　　小猴子樂樂在數學王國玩了很多天了，他不僅受到了數學王國公民的熱情接待，而且還學到了很多數學知識。他怎麼玩也玩不夠，因為在數學王國裡每天都能看見新的事物，都能發現新的規律，還能學到新的運算方法。但是，小猴子樂樂的暑假結束了，必須要回去上學了。他依依不捨地跟導遊姐姐和新認識的數字朋友們道別。答應明年暑假再來遊數學王國。導遊姐姐給他買來數碼火車的火車票，還買了好多紀念品請小猴子回去之後送給小朋友。火車來了，小猴子登上了火車。這時，1、2、3三個數字兄弟氣喘吁吁地跑了過來，原來他們是特地趕來送小猴子的，但是路上堵車耽誤了時間。三個兄弟給小猴子帶來了水和零食給他路上吃。不僅如此，三個兄弟還給小猴子送來一道數學題，他們是要測試一下小猴子在數學王國到底學到了多少東西。題目是這樣的：用1、2、3這三個數碼表示的最大數字該是多少？小猴子想了半天，這時火車要開動了，於是三個兄弟請小猴子明天暑假再來玩，順便再告訴他們答案。小猴子會猜出答案嗎？那要明年才能知道了。但是，聰明的你是不是已經答出來了呢？

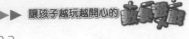

92.
接木塊

● 難易度：★★　　　完成時間：　　　分　　　解答：191頁

　　小梅的家裡要蓋新房了。小梅很高興，因爲爸爸說新房
蓋好後小梅可以自己住一間屋子，這樣小梅就有了自己的空
間了。小梅每次想到這些都覺得很興奮。

　　小梅每天放學都要去新房子看看有什麼地方她可以幫忙，
因爲她希望新房能早點蓋好，她就可以有自己的房間了。

　　這天，小梅放學又跑去看新房。爸爸說今天沒有小梅需
要幫忙的，讓小梅帶妹妹去玩。於是小梅帶著妹妹在新房門
前的沙堆旁玩堆沙子的遊戲。這時，同學小明走了過來，說
有一道數學題怎麼想不出來，小梅是班上的數學課代表，幫
同學解答問題是她的責任。於是，她拿過小明的數學題思考
了起來。小明的數學題是這樣的：一個木條恰好長31公分。
把它切成數段，使其中的一段或幾段能夠接長爲1到31中任何
整數的木條。你該切幾段？

93. 幾隻貓

● 難易度：★★★　　　完成時間：　　　分　　　解答：191頁

　　我們知道中國有個說法是：貓有九條命。這個事是不是真的呢？我也無從證明。但很多關於貓的傳奇都是這麼說的。而且不僅僅在中國有這樣的說法，古老的埃及王國也有這樣的傳說。

　　這是來自古埃及的一個問題，這個問題可以證明古埃及也有關於貓有九條命的傳說。問題是這樣的：一個貓媽媽已經度過了她9條命中的7條。而她的孩子中，一些已經度過了9條命中的6條，另一些則只度過了4條。這時，貓媽媽和她的小貓總共還剩下25條命，那麼，你能算出算上貓媽媽應該有幾隻貓嗎？

94.　一元消失了

● 難易度：★★　　完成時間：　　分　　解答：192頁

　　公司派三個職員出差。到了目的地，他們先找了家旅館投宿。

　　他們在旅館訂的是三人間，房費由三個人分攤。交錢時，他們每人交了10元，將30元交給服務員後，再由服務員交到會計那裡去。會計找回了他們5元。但服務員的素質很差，在中間私吞了2元，只還給他們3元。三個人不知道內情，於是把3元平分了。也就是說，他們每人付了9元房錢，一共是27元。但是，27元再加上服務員私吞的2元，一共29元，怎麼少了一元呢？這是哪裡出了問題？三個職員當然不會知道少了一元，因為他們不知道服務員私吞了2元，那麼讓我們幫他們想想吧。

95.

椰子的數量

● 難易度：★★　　　完成時間：　　分　　　解答：192頁

　　美國作家本‧阿姆斯‧威廉姆斯於1926年10月9日在《星期六晚報》上發表了一篇名為《椰子》的故事。這不僅僅是個故事，同時也是一道迷惑人的數學題。故事的大意是乘有五個男人和一隻猴子的船擱淺在一座島上。有一天，他們花了一整天的時間採摘了一大堆椰子以備以後充飢。但是晚上，其中某一個人醒來後覺得應該把他應得的一份拿出來，於是他把整堆椰子分成五份，最後還剩一個。他決定把這一個椰子分給猴子。然後他藏好他的一份後再整理好椰子堆，回去睡覺了。

　　不久，又一個人醒了，並且產生了同樣的念頭。但他不知道已經有人把椰子分走了。於是他把椰堆分成五份，最後又恰巧剩一個分給猴子。他如上整理好後也回去睡覺了。第三、四、五個人也重複了同樣的過程。第二天早晨，當他們都醒後，把剩下的椰子分成均等的五份，這次正巧分完一個椰子也沒剩下。

　　那麼，你能猜出最開始他們採摘了多少個椰子？

96. 三角形的特點

● 難易度：★　　完成時間：　　分　　解答：192頁

　　兩隻小豬在家門前玩遊戲，他們玩得很高興，甚至忘記了太陽就快下山了。當太陽完全落下的時候，小豬媽媽回家了，他們圍著媽媽又蹦又跳，搶著問媽媽給他們帶回來什麼好吃的零食。小豬們和媽媽一起走進屋子，還爭論著媽媽買的什麼好吃的。但是這次媽媽沒有直接拿出零食，因為她要考考兩隻小豬最近學習是否認真。媽媽坐在沙發上，拉著兩隻小豬的手說：「媽媽考考你們好不好，誰答出來了就給誰好吃的。」兩隻小豬想了想，同意了。於是媽媽問他們數學學到第幾章了，小豬說學到了三角形了。媽媽說：「那我給你們出一道關於三角形的問題吧。現在媽媽把一根長棍被斷成了3小截短棍。不能測量短棍的長度，也不能同時拿起三小截，你們有什麼好辦法能迅速判斷這3截短棍是否可以組成一個三角形呢？」兩只小豬想了又想，不知道該怎麼辦了。後來還是小豬哥哥最聰明，他只用了其中兩根短棍就判斷出來了。你知道小豬哥哥拿了哪兩根嗎？他又是怎樣判斷出來的呢？

97. 後天是禮拜幾

● 難易度：★　　完成時間：　　分　　解答：**193**頁

　　小舟在家專門靠寫作賺錢，每天他都會在電腦前埋頭苦寫，忘記了時間，甚至每天過著黑白顛倒的生活，如果沒有人提醒他吃飯，他連吃飯都想不起來了。他的電腦上貼滿了提醒的字條，比如週一去火車站接人，這樣他才能不忘記一些重要的事。

　　這天，他家的電話響了起來，小舟在電話響了半天之後才聽見，是小舟過去的老同學打來的，他邀請小舟參加他的婚禮。小舟問他婚禮在哪天舉行，老同學說在後天。小舟答應了。放下電話，小舟突然發現，因為最近他沒有什麼特殊安排，所以他根本想不起來後天是禮拜，不知道是禮拜幾他就沒法在他的電腦上貼上提醒他參加婚禮的字條。他該怎麼辦呢？小舟只知道今天的前5天是星期六的後3天。

　　那麼請你幫他猜猜，後天是星期幾？你能猜出來嗎？

98. 招聘

● 難易度：★　　完成時間：　　分　　解答：193頁

　　總公司為了擴大業務量，準備從分公司的優秀銷售員中挑選兩名業務擔任總公司的業務主管的職位。

　　分公司經過比較年度業績，最後篩選出王超、徐濤、王玲3個人。這三個人還要經過總公司董事會的評選才能最後決定。

　　董事會如期召開。各董事都提出了不同的意見，但最後他們達成了4點共識，即：

　　①.王超和徐濤至少有一人入選。

　　②.如果王超不入選，徐濤也不入選。

　　③.徐濤和王玲最少有一人入選。

　　④.王超和王玲不會都入選。

　　請問，依照這樣的共識，到底誰入選？誰不入選？

99.
如何加薪

● 難易度：★　　完成時間：　　分　　解答：193頁

　　某公司工人因爲工資太少而集體罷工。他們派出了工會代言人要求公司加薪。如果公司不答應他們的要求，他們就不再爲公司出力。

　　公司的生產已經停止，而且工人數量眾多，公司一時半會不能招到工人。爲了使公司正常運營，公司高層經討論決定給工人們加薪。於是他們找來工會代言人，提出了兩個加薪方案，要他從中選擇一個：

　　第一種方案是在12個月後，在年薪20000元的基礎上每年提高500元；

　　第二種方案是6個月後，在半年薪10000元的基礎上每半年提高125元。

　　但是，不管是哪一種方案，公司仍然是每半年發一次工資。

　　工會代言人是個很精明能幹的人，他不僅能爲工人著想，而且很會算計。他選擇了一種更有利於工人的方案，你知道是哪個嗎？

100. 開會的人數

● 難易度：★★　　　完成時間：　　　分　　　解答：194頁

　　某公司今天召開商務洽談會。會上，他們將就公司開發的新的項目展開討論。小王是剛剛加入公司的新人，公司派他佈置會場。小王十分認真地在其他同事的配合下完成了任務，公司主管相當滿意。但是公司一直沒有透露到底有幾個人參加會議，為的是考察小王的應變能力（小王還在試用期中）。

　　會議開始了，參加會議的人陸陸續續都來了，小王因為對人數沒有確切的瞭解，所以在過程中出現了點小狀況，但總體表現讓主管很滿意。

　　會後，小王的同事問小王到底有多少人參加會議，小王說：「每個與會者來到會場後都會與其他與會者握一次手。所有參加者一共有15次握手，你能說出共有幾個人出席會議嗎？」同事思考了一下就明白了，還誇小王這道計算題編的很很厲害。你猜出來了嗎？

101. 熱鬧的家

● 難易度：★★　　完成時間：　　　分　　解答：194頁

　　小雨是班裡最活潑的學生，同時她也很聰明，同學們都喜歡小雨，常常去她家玩。有一天，班裡來了個新同學，小雨對新同學可好了。她告訴新同學老師已經講到課本的哪一頁了，還跟新同學講班裡的趣事，向他介紹每個同學。新同學很快就和同學們打成一片了。小雨邀請新同學週末去她家玩，新同學很高興，因為早就聽說小雨的家裡很熱鬧。去之前，小雨給新同學出了道趣味題，是關於她家人的，她讓新同學猜猜她家有多少成員。題目是這樣的：我的家裡有一個人是祖父，一個是祖母，三個是孫子女，兩個是爸爸，兩個是媽媽，四個是孩子，兩個是妹妹，一個是哥哥，兩個是兒子，兩個是女兒，一個是岳父，一個是岳母，還有一個是媳婦。如果我家一共有三代人，那麼你猜我家到底有多少成員啊？新同學聽了這道題都暈了，光從字面上看，她家的人口太多了，可是，新同學又仔細想了想，終於想出來她家有多少口人了。你猜出來了嗎？

102. 井底之蛙

● 難易度：★　　完成時間：　　分　　解答：194頁

　　一隻青蛙常年住在井底，它的視野小得可憐。可是它自己並不知道，它一直覺得自己坐在井裡就能看見整個世界，很是幸福。可是有一天它聽見一隻鳥在歌唱，於是它抬起頭，看見一隻黃色的小鳥站在井邊快樂地歌唱。青蛙問小鳥：「你叫什麼？在唱什麼？」小鳥低頭看了看它說：「我叫小黃鸝，我剛才在歌唱春天美麗的田野。」青蛙撇了撇嘴說：「田野有什麼了不起，我天天坐在井裡，能看見漂亮的藍天，田野有藍天美麗嗎？」小黃鸝聽了，嘲笑青蛙說：「你哪見過什麼世面？外面的世界太大了，你看到的太微不足道了。」說完，小黃鸝就飛到別處唱歌去了。青蛙很不高興，但同時覺得自己是應該出去見見世面了。於是它收拾好東西，準備爬出井底，出去看看。

　　青蛙出發了，它從井壁往上爬。但是，每爬一次，就上升3公尺，但在再次攀爬井壁前會滑落2公尺。這口井深10公尺，那麼，這隻井底的青蛙要爬幾次才能爬出井去呢？

103. 富翁的難題

● 難易度：★★　　完成時間：　　分　　解答：**195頁**

　　富翁生前有很多錢，他很會做生意，因此賺了很大一筆家產。但是他有四個兒子，每個兒子都很沒出息，都算計著等父親去世後分遺產，然後過自在的生活。沒有人努力幫父親分擔生意上的壓力。父親在臨終前仔細地考慮，覺得留下家產會害了兒子，於是他把所有的財產都捐給了福利機構，只給兒子留下他很早前收購的一塊正方形的土地，他想讓兒子們自己創業，從頭做起。兒子們都很遺憾，但當明白父親的苦心後又都覺得後悔不已。於是他們商量把遺產分完後就一起努力，不辜負父親的希望。可是，這塊地應該怎麼分呢？那塊正方形的地上還種著4棵梨樹，而且樹與樹之間的距離是相等的，從土地的中心到一邊排成一排。父親讓他們每人分得1棵梨樹，應該怎麼分呢？這下把四個兒子都難住了。要是想遵從父親的遺囑，他們就必須每人分到一棵梨樹，可是具體的分法他們都不知道。於是他們請來了他們的叔叔，他們的叔叔很聰明，只在紙上劃了幾筆就分完了，而且條件符合富翁的要求，你知道他們的叔叔是怎麼分的嗎？

104. 標點的作用

● 難易度：★★★　　完成時間：　　分　　解答：195頁

　　明明剛上小學四年級，就已經學會使用標點符號了。但是明明總是覺得標點符號不是很重要，於是常常在寫作文的時候遺漏或者用錯標點符號。語文老師每次都說他，但明明總是不以爲然。語文老師爲了糾正他的壞毛病費盡了心思，但效果不是很明顯。

　　這天，語文老師跟數學老師訴起苦來，數學老師聽了，笑了笑說：「明明這孩子其實很聰明，就是太愛耍小聰明了。他特別喜歡數學，這樣吧，我幫你提醒他。」

　　於是，數學老師叫來了明明，說讓明明幫自己解一道數學題。明明一聽就來了精神，忙叫老師出題。老師說：「這是一道古時候的數學題，沒有標點，你能算出來嗎？」明明一看題就傻了，「三角幾何共計九角三角三角幾何幾何」，這都是什麼意思啊，明明想了半天也沒想明白。數學老師笑著說：「這下你明白標點符號的重要性了吧？它不僅僅在語文當中很重要，在數學解題過程中也很重要啊。」明明很慚愧，拉著老師請老師告訴他正確答案。

　　你能標出正確的標點符號解答這道題嗎？

105. 寶寶的小聰明

● 難易度：★　　完成時間：　　分　　解答：195頁

　　寶寶是爺爺奶奶的第一個孫子，所以爺爺奶奶、叔叔嬸嬸、姑姑姑父都很寵愛他，寶寶從小很聰明，最喜歡自己琢磨些好玩的小遊戲，常常把全家人弄的哈哈大笑。今天吃過晚飯，寶寶一個勁地拉著爺爺奶奶去客廳，這次寶寶又要玩什麼遊戲呢？大家都很好奇，於是都跟著寶寶去客廳。

　　客廳裡擺著一根小木板，還有蠟燭和足球，寶寶這是要做什麼呢？大家都等著看寶寶的表演。這時，寶寶把他的毛毛熊抱來，在毛毛熊身上放上木板，在木板的右邊放一隻足球，在左邊放一根已經點燃的蠟燭，寶寶自己弄不了就請叔叔幫忙讓木條平衡。這時，寶寶問家人，你們知道蠟燭燃燒盡了之後足球往哪個方向滾嗎？全家人互相看了看，原來這麼簡單啊，大家覺得都很好笑。但是每個人都為了迎合寶寶裝作不知道，寶寶於是很得意。

　　你知道應該往哪個方向傾斜嗎？

106. 摺星星

● 難易度：★★　　　完成時間：　　分　　　解答：196頁

　　琳琳是個喜歡動手的孩子，她聰明伶俐，平時最喜歡做一些手工製品。她會做很多手工製品，還會用紙摺很多東西，比如千紙鶴、小船和小衣服。她還會用塑膠條摺星星，摺出來的星星是透明的，小小的，鼓鼓的，很好看。媽媽很爲琳琳驕傲，常常把她的作品擺在客廳顯眼的地方給客人看。

　　今天是週末，學校放假了。琳琳寫完功課後就摺起了星星，她想用星星裝飾自己的屋子。想想屋子裡掛滿星星的樣子，琳琳覺得肯定很漂亮。琳琳先摺了6顆星星，用一根1公尺長的繩子每隔0.2公尺拴上1個。但是，在穿繩子的過程中，她不小心弄壞了一個星星，重新再摺的話她的塑膠條就不夠用了。那麼如果還按每隔0.2公尺拴上1個星星的話，琳琳應該怎麼做呢？

107. 跑車相撞

● 難易度：★★　　完成時間：　　分　　解答：**196頁**

　　兩輛跑車在同一條山路上相向奔馳。這條山路很窄，只能容下一輛汽車透過，所以在兩輛跑車主人都沒有提前預知的情況下他們很有可能相撞。一輛跑車的速度是每分鐘跑4英里，而另一輛跑車的速度是每分鐘跑6英里。那麼，如果他們開始時相距100英里，那麼在它們相撞前1分鐘，兩車相距多遠？

108. 誰更聰明

● 難易度：★★★　　完成時間：　　分　　解答：**197頁**

　　兩位十幾年沒見面的大學同學小王和小李在火車上見面了。他們曾經都是某大學數學專業的高才生。而且他們在大學裡還是好朋友。當年他們在一起的時候最愛做的事就是一起解數學題，比誰先計算出來。他們兩個共同挑戰困難的習題，誰都不服誰，同時又共同進步著。現在他們又見面了，而且他們各自都在事業上取得了成功。他們又回想起了大學時的那段美好時光，當談及現狀時，不自覺地又比試了起來。

　　小王問小李有幾個孩子了，小李回答說有3個。小王問：

「那麼他們都多大了？」

小李回答說：「他們年齡的乘積是36，」接著說，「他們年齡的和正好是今天的日期。」小王一聽就笑了，知道這是小李在考他。

但是小王馬上說：「你告訴我的條件還不夠。」

「對了，忘了告訴你了，我的小兒子染了黃頭髮。」

「那我就明白了，」小王說，「我現在知道你的3個兒子各是多大了。」

這麼少的條件，根本沒有辦法計算，那麼小王是怎麼知道他們的年齡的？他們相遇的那天到底是幾號呢？

109. 超市的最佳位置

● 難易度：★　　　完成時間：　　分　　解答：198頁

露露的家離市區很遠，在鐵路沿線附近。那裡的交通也不是很便利，每次露露都要跟媽媽走上好長時間才能來到市區購物。露露每次都想，她家要是能有輛汽車該多好啊。可是，露露的父母都是工薪階層，根本買不起汽車。於是露露就只能每週末和媽媽走上很遠的路然後買回一大堆吃的和用的，準備下周用。跟他們一樣住在這附近的有100戶居民，他們平時也很不方便，想買什麼東西一定要跑出很遠。於是有

人向居委會反映，要求在這附近建一個超市。居委會經過討論後同意了。露露高興極了，因為她可以不用再跟媽媽走那麼遠的路了。媽媽看露露高興的樣子也很高興，就給露露提了一個問題：「你知道超市的位置應該建在哪裡才能使100戶居民到超市的距離之和最小嗎？」露露想了半天也計算不出來。

那麼，你知道應該怎麼建嗎？

110. 賽馬

● 難易度：★★　　完成時間：　　分　　解答：198頁

澳門是個賭城，有錢人都想拿著錢去那裡玩兩天試試運氣。澳門的賭博方式有很多，賽馬是其中一種。在馬開始比賽前，每個人都會下注，就是猜測哪匹馬勝利的希望最大，然後把錢壓在這匹馬上。如果這匹馬真的勝利了，那麼給它壓賭注的人就獲得了相當於他所壓金錢好多倍的錢。但是如果這匹馬輸了，那麼他的錢就沒有了，白白送給了別人。所以說，賭博是不健康的，它所帶來的後果是無法想像的，我們一定要遠離賭博。所以今天我們不說賽馬賺了多少錢，大家還是跟我一起做數學題吧：假設在一個賽馬場裡，A馬1分鐘可以跑兩圈，B馬1分鐘可以跑三圈，C馬1分鐘可以跑四圈，那麼，如果這3匹馬同時從起跑線上出發，幾分鐘後，它們又相遇在起跑線上？

111. 誰是傑米的兒子

● 難易度：★　　完成時間：　　分　　解答：199頁

今天是週末，天氣晴朗。傑米和吉米各自帶著他們的一個兒子去釣魚。他們每個人都興致勃勃，準備在釣魚場裡大顯身手。

經過一天的比賽，最終結果是：傑米釣的魚條數的個位數字是2。他兒子釣的魚條數的個位數字是3；吉米釣的魚條數的個位數字也是3，他的兒子所釣的魚條數的個位數字是4。而他們所釣魚的和是某個數的平方。現在你能知道傑米的兒子是誰了嗎？

112. 神奇的數字「4」

● 難易度：★★　　完成時間：　　分　　解答：199頁

　　今天是週末，是小林上數學興趣班的日子。小林每週都會盼望著週末快點到來，因為那樣就可以學數學了。小林很喜歡數學，而且，教他們的數學老師很風趣，每次都會給他們講故事，小林還從中學到好多數學知識呢。今天小林很早就來到少年宮等候老師，興奮地猜想著今天老師會給他們講個什麼樣的故事。

　　上完課，小林覺得意猶未盡。他跑回家，拉著爸爸，一定要給爸爸講講。

　　今天老師給小林講個一道很有歷史又很神奇的故事，是關於數字「4」的。小林告訴爸爸，有個問題已經有一百多年的歷史了，可以光用數字「4」就可以表示0到10，爸爸聽了說：「那你給我演示一遍好不好？」小林說，老師說條件可以用任何基本數學運算（加法、減法、乘法、除法和括號），而且可以用任意多的4，但一定要用最簡單的表示方法。

　　你能知道小林是怎麼用最簡單的表示方法用數字「4」表示0到10的嗎？你也拿起筆來算算吧。

113. 粗心的孩子

● 難易度：★★　　完成時間：　　分　　解答：200頁

　　小牧很聰明，但就是太粗心，無論做什麼都特別馬虎。每次數學考試他都會把明明會做的題做錯，他的這種狀況很讓老師和家長擔憂。

　　小牧的爸爸媽媽和老師商量應該怎麼解決小牧粗心的問題，擔心這個毛病會影響到他今後的升學考試。

　　老師說最重要的方法就是多鍛鍊他的大腦，讓他學會按步驟有規律的思考問題，而不是覺得題目簡單就不經過大腦思考了。

　　爸爸媽媽聽從了老師的意見，去書店買來好多鍛鍊大腦思考方法的書，每天吃過晚飯都會給小牧出幾道題讓他思考。小牧開始很不以為然，但後來他發現每次他都會做錯，就因為他沒有認真思考到條件的每一個環節。慢慢的，小牧意識到他的粗心，於是他下決心改正。

　　今天晚上，爸爸又給小牧出了一道題：1到100的100個數字中，共有多少個9字呢？小牧這次很謹慎，想了想，還用筆劃了劃，終於回答對了。爸爸對小牧很滿意，告訴他今後無論做什麼，一定要經過思考之後才能做。

　　那麼你知道有多少個9字嗎？

114. 報紙有幾頁

● 難易度：★　　完成時間：　　分　　解答：200頁

　　小王訂了一年的報紙，每天晚上回家吃完飯後的第一件事就是看報紙。他很關注時事跟民生議題。

　　這天，天氣轉涼，外面風很大。給小王家送報的郵遞員很粗心，把報紙放到小王家窗台上沒有用東西壓住就走了。一陣風刮來，小王家的報紙被刮散了。除了其中的一張紙，剩下的全都被大風刮沒了。小王回來看到這種情況很生氣，覺得郵遞員不負責任。今天的報紙小王一定要看，所以他準備去找鄰居大張借來看。但去之前要確定找大張借哪幾頁，但是今天的報紙只剩下一張，所以小王不知道一共有多少頁，他只知道剩下的這張是第8頁和第21頁在一起。那麼，你能幫小王的忙嗎？

115. 馬戲團裡的數學題

● 難易度：★★★　　完成時間：　　分　　解答：200頁

　　小鎮裡來了馬戲團，大家奔走相告，因為這個鎮上的人們都愛看馬戲。每次馬戲團來時小鎮裡就像過節一樣，人人

都很高興，都搶著買票觀看。大人們都如此高興，孩子們就更是高興了，孩子們每天放學第一件事就是跑到馬戲團的帳篷前看節目預告，看看都有什麼節目好回家告訴爸爸媽媽，然後拉爸爸媽媽一起觀看。

這天，傑瑞和湯姆兩個孩子突發奇想，想去看看馬戲團的後台都有些什麼。於是，他們商定後，由湯姆站崗放哨，而傑瑞鑽進帳篷去看看。傑瑞順利地鑽進了後台，後台可真大啊，什麼都有。有小丑穿的衣服，有表演用的道具，還有好多關在籠子裡的動物。一隻表演用的牧羊犬看見生人進來，於是大聲叫了起來。叫聲把馬戲團的團長引來了。團長看見了傑瑞，傑瑞很害怕，害怕團長罵他。但是團長很和藹可親，他問傑瑞是怎麼進來的？傑瑞緊張極了，一下子就把湯姆也說了出來。團長笑了，問：「你很喜歡馬戲嗎？」傑瑞點了點頭。於是團長說：「這樣吧，你和湯姆要是答對了我的問題，我就讓你們免費看一次馬戲表演好不好？」傑瑞把湯姆叫來，兩個孩子聽見團長的話覺得很高興。於是他們請團長出題。團長出的題是這樣的：「我們馬戲團裡有22隻動物，22隻動物一共有40隻腳，而2隻腳的動物是4隻腳動物的2倍。那麼你知道兩隻腳的動物有幾隻嗎？（註：還有沒有腳的蛇）。

傑瑞和湯姆還在計算著，你算出來了嗎？

116. 小猴子的問題

● 難易度：★★　　完成時間：　　分　　解答：**201頁**

　　話說小猴子樂樂從數學王國回來後學到了不少東西，而且還被同學們擁戴為數學小組的組長，負責每天給同學們補充數學知識，跟大家分享數學王國裡面的趣事。

　　就在小猴子幫同學們積極學習的時候，老師告訴小猴子和同學們說市裡要舉行趣味數學競賽，每個班都要有同學去參加。同學們當然都選小猴子去參加了。小猴子也很高興，說要是能獲獎就把獎品跟大家一起分享。

　　小猴子回家後精心準備了幾天，趣味數學競賽就開始了。競賽的題目都很古怪，但小猴子已經形成了數學的思考方式，所以做得很輕鬆。

　　比賽回來，同學們圍著小猴子問競賽上都有什麼數學題，於是小猴子就從中選了三道題跟大家一起分享，請你也來和大家想想吧。題目是這樣的：

　　①. 你能用三個6得到一個7嗎？

　　②. 能被1、2、3、4、5、6、7、8和9整除的數最小是幾？

　　③. 小紅在6點多一點出去了，這時分針和時針為110度角，在7點不到就回來，此時分針和時針剛好又成110度角。問小紅出去了多長時間？

　　好好思考一下，你做出來了嗎？

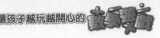
117. 動腦筋的遊戲

● 難易度：★　　完成時間：　　分　　解答：201頁

聽說過烏鴉喝水的故事嗎？烏鴉飛累了想找水喝。突然它發現一個瓶子，瓶子裡面裝了半瓶水。但是瓶子的口太小，烏鴉根本搆不到。聰明的烏鴉想了什麼辦法喝到了水呢？原來烏鴉用嘴銜來了石子放到了水裡。隨著石子的增加，水面上升了。隨後烏鴉終於能喝到水了。這個故事教育我們，遇到什麼事情都不能急躁，要動腦筋，一定會想到最好的解決辦法的。

現在，讓我們也做個「烏鴉喝水」的遊戲吧。只是這次不是喝水，而是吃櫻桃了。

現在桌上有一個用小木棒做成的杯子，杯子裡面放有一顆好看的櫻桃。但是如果你想吃到這顆櫻桃的話，必須移動2根火柴棒，才能把櫻桃從杯子中拿出來。該怎麼動呢？

118. 李子有多少

● 難易度：★★　　完成時間：　　分　　解答：201頁

　　紅紅的奶奶退休前是銀行的會計，而且，她還是個很和藹可親的老太太，她很愛和鄰居一起分享好的東西，鄰居有困難了她也要盡力幫忙，所以鄰居都很尊敬奶奶。紅紅愛吃李子，所以爸爸媽媽奶奶常常給紅紅買李子吃。這天，奶奶自己想自己出去逛逛，順便給孫女買些李子吃。可是，等奶奶回家的時候，紅紅發現奶奶的籃子裡面什麼都沒有。紅紅問奶奶怎麼沒給她買來李子，奶奶說：「本來買了，但是一路上遇見好多鄰居家的孩子，就給他們分了。」紅紅很不高興，於是奶奶哄她說：「奶奶給你出一道題，你要是算出奶奶剛才買了多少個李子，奶奶帶你再去買李子好不好？」紅紅只好答應了。奶奶的問題是：「我買了若干李子，取它的一半又一枚給第一個孩子，再取其餘的一半又一枚給第二個孩子，又取最後所餘的一半又三枚給第三個孩子，這時我籃子裡面的李子就沒有了。那麼你知道我籃子內原有多少枚李子嗎？」

　　紅紅能答出來嗎？

119. 坐船

● 難易度：★　　　完成時間：　　分　　　解答：202頁

夏天到了，雨水增加了，河水暴漲，好多人被困在了河的對面，他們都很著急，想早點過河，但湍急的河水已經把橋給淹沒了。他們等了好幾天，河水也沒有落下去，但是水流已經慢慢平緩下來。於是河對岸派來一艘小船，把困在對岸的人一一擺渡過去。這時，算上船夫，河對面一共有37個人，而這艘小船一次只能裝5個人。那麼，這37個人要分多少次才能全部過河呢？

120. 秤鹽

● 難易度：★★★　　完成時間：　　分　　　解答：202頁

媽媽是中學的物理老師，所以小米從小就很有物理頭腦，特別喜歡物理實驗。他常常時不時地跟著媽媽去學校的實驗室，看媽媽教同學們做實驗，自己也從中學到很多東西。

今天是週末，媽媽要去實驗室裡做教學準備，於是小米要求跟著媽媽去。媽媽答應了。

到了實驗室，小米幫媽媽調整每個實驗儀器，協助媽媽

做實驗準備。這時，媽媽讓小米自己做個實驗，讓他用一個兩臂不一樣長卻處於平衡狀態的天平，秤出1千克的鹽。媽媽給他的協助工具是2個500克的砝碼，小米該怎樣秤呢？

121. 拴著的狗

● 難易度：★　　完成時間：　　分　　解答：202頁

　　我們家有一隻可愛的小狗名叫貝貝。貝貝很調皮。在它很小的時候它就會自己叼東西吃，有時候它還把鄰居家的小貓嚇跑，然後非常驕傲的在我們身邊繞來繞去。貝貝是我的小夥伴，它經常陪我玩。有時候我放學回來晚了一進巷子就能看見貝貝趴在家門口等我。看見我回來了，它就迅速跑到我身邊，還在我身上蹭。

　　一天，貝貝闖禍了，它把鄰居家的小妹妹嚇哭了。結果被罰拴在一棵樹上。拴貝貝的繩子有10英尺長，剛開始貝貝還老老實實地，知道自己犯錯了，乖乖地趴在樹下不動。後來時間長了它就安份了，開始想吃東西了。貝貝的飯盆放在離它15英尺遠的地方，它看到後就馬上跑過去吃。

　　小朋友，你知道貝貝是怎麼吃到食物的嗎？繩子沒有斷，樹葉沒有彎。

122. 滾石頭

● 難易度：★★　　完成時間：　　分　　解答：202頁

　　小朋友，你知道沒有汽車的古代，我們的老祖宗使用什麼工具運沉重的東西的嗎？你肯定想不到，他們用的是木頭。也許你不知道怎麼用木頭來運重物，我來告訴你吧！在古代，我們的先輩是很聰明的，那些沉重的石頭搬不動，怎麼辦呢？有人說我們可以滾動石頭啊！這個想法很好，這樣可以不用使用蠻力，借助地勢使石頭滾下坡。後來，又需要把重物搬運到高處去，這就不能利用地勢了。有的人提出用木頭，因為木頭是圓的，我們把石頭搬到木頭上，滾動木頭來達到搬運石頭的目的。這個想法使我們的老祖宗省了不少力氣。現在我們假設也需要搬重物。兩根相同的圓木周長都是1公尺，如果圓木滾了一圈，那麼重物將前進多少距離呢？

123. 死裡逃生

● 難易度：★★　　完成時間：　　分　　解答：203頁

　　瓊斯是一個喜歡冒險的姑娘，她最喜歡攀岩和游泳。這一天，瓊斯來到了她一直夢寐以求的一座高山腳下，今天她要征服這座高山。在瓊斯還沒有做好準備要攀巖的時候就聽到了有人在喊「發生雪崩了，快跑啊！」瓊斯顧不得多想就隨人們開始跑。她跑到了一條隧道裡，隧道很長，可是瓊斯的身後還有很多石頭在從山上往下滾。瓊斯加快了腳步，她不停地回頭看，據她目測，石頭的直徑大概有20公尺左右，而隧道的寬度大概也要有20公尺，這怎麼辦，眼看就要被石頭壓住了，可是隧道還沒有盡頭。

　　聰明的孩子，你有什麼辦法來幫幫瓊斯呢？

124. 網球賽

● 難易度：★　　完成時間：　　分　　解答：203頁

　　市裡要舉辦一年一屆的網球賽，A、B兩個人是一個小區的，他們都報名參加了。經過了好幾輪的比賽，兩個人都進入了決賽。爲了珍惜這難得的機會，二人都很努力。平時早

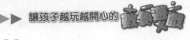
早的起來鍛鍊身體，打打球，跑跑步。

終於賽到了最後，還有一場比賽，A、B二人進入了最後爭奪冠軍的比賽中。按照規定，網球賽要進行9場比賽，贏的場次多者勝出。最後，A以6：3勝出，奪得了冠軍。在9場比賽中，有5場球不是開局者勝。請問小朋友，你知道是誰先開的球嗎？是A還是B？

125. 標數器

● 難易度：★★　　完成時間：　　分　　解答：203頁

小朋友，你知道我們用的課本，看的課外書上面的數字是怎麼印上去的嗎？有一種機器叫標數器，它就是用來標數的。它上面有一個小把，你可以把它拿在手裡，標數器上面由幾排數字組成，每排數字都從1排到9。按照個位、十位、百位、千位等的順序排列。每當打數的時候都要把標數器歸0，這樣打出的數才是從1開始的。現在我們手裡有一本打好數的書，打號器上顯示的數字是2929，小朋友，開動腦筋想想這本數一共有多少頁？

126. 阿米斯的問題

● 難易度：★　　完成時間：　　分　　解答：**204**頁

　　小朋友們，你們都知道貓吃老鼠的故事吧？這個故事我們從小就聽過，當然我知道爲什麼貓每次見了老鼠都要拚命地去追，直到老鼠都跑沒影兒了才罷休。我們今天不講這個故事，我們要小朋友們做一道算術題。

　　我們都知道貓咪幫我們人類抓老鼠，而老鼠是害蟲，它們咬壞我們的傢俱，還偷吃我們的糧食，我們要「老鼠過街，人人喊打！」形成人人滅鼠，保護我們的糧食的社會風氣。

　　如果我們有7幢房子，每幢養了7隻貓，每隻貓吃了7隻老鼠，每隻活的老鼠會吃掉7個麥穗，而每個麥穗可以產7單位麵粉，那麼，小朋友，你知道這些小貓咪保護了多少單位的麵粉嗎？

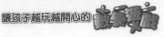
127. 到底有幾個零

● 難易度：★★★　　完成時間：　　分　　解答：204頁

　　小朋友，你會乘法運算嗎？你知道高斯求和的問題嗎？我來給你講一講這個故事吧！

　　德國著名數學家高斯，幼時就聰穎過人。一天，老師出了這樣一道題，求$1＋2＋3＋4＋……＋100$的和。當全班同學都在埋頭計算的時候，小高斯很快就說出了正確答案：5050。那麼，他是怎麼得出答案的呢？

　　原來，高斯透過觀察，發現1、2、3、4……100這一數列有個規律，即：$1＋100＝2＋99＝3＋98＝……＝50＋51$每對數的和都是101，而且這樣的和為101的數共有$\frac{100}{2}＝50$對，因此，數列的和就是$101×50＝5050$。

　　小朋友，今天我們不做加法，我們來做一道乘法題。那就是，$1×2×3×…×48×49×50＝$？

　　1到50的五十個數相乘，乘積是一個非常大的數。用筆算很困難，用電子計算機算，很快就算出這是一個65位的數。這個65位的數，尾部有好多個零。現在請你巧算一下，到底有幾個零？（註：不是10個零）

128. 兄弟數數

● 難易度：★★　　　完成時間：　　　分　　　解答：204頁

　　這天，爸爸媽媽都出門了，只剩下我和弟弟兩個人在家。爸爸媽媽臨走前叮囑我要我哄著弟弟玩。弟弟剛上幼兒園，但是他很聰明。沒有上幼兒園的時候，媽媽在家裡就教會了他很多東西，他不但會數數兒，還會背唐詩呢！到了幼兒園弟弟就當上了大班長，他心裡的高興勁兒就別提了。

　　我和弟弟玩了一會兒他就煩了，說這些遊戲在幼兒園裡都和小朋友們玩過，不好玩。非要纏著我玩別的。我想了想說：「弟弟，我們玩數數吧！我教你玩的別人肯定沒玩過。」聽我說完弟弟趕緊問我那你說怎麼不一樣呢？我說「我數單數，你說雙數。」弟弟答應了。我先開始說1，弟弟就說2，我們依次說下去。

　　小朋友，你能快速說出哥哥數的8個數的和比弟弟數的8個數的和少幾嗎？

129. 母子的年齡

● 難易度：★　　完成時間：　　分　　解答：205頁

　　小朋友，作為孩子你知道爸爸媽媽的生日嗎？你知道他們多少歲了嗎？每年我們過生日的時候，爸爸媽媽都會給我們買生日禮物，買大生日蛋糕。可是，爸爸媽媽的生日呢？有多少小朋友會記得或者會知道呢？今天回到家就問問爸爸媽媽的生日，然後悄悄地記下來。等到了他們生日的那一天，即使你沒有買禮物給他們，一句「媽媽生日快樂！」也會讓他們很高興的。

　　今天我們就來做一道關於年齡的計算題吧！

　　假如華華的媽媽今年和華華相差26歲，4年後華華媽媽的年齡正好是華華的3倍。小朋友，你能算出來現在華華幾歲？華華媽媽多少歲嗎？

130. 多少人擁有

● 難易度：★　　完成時間：　　分　　解答：205頁

　　我出生在80年代，那時家裡還沒有什麼家用電器。那時物資很不豐富。現在已經進入了20世紀，物質的發展也是有

目共睹的。單單從我們的日常生活中就能看出來。以前我們家裡沒有什麼家用電器，聽爸爸媽媽說那時的家用電器就是手電、收音機。現在就不一樣了，我們家過上了好日子。不僅有洗衣機、電視機，還有電腦。假設在100個人中，75%的人有個人電腦，68%的人有洗衣機，85%的人有電冰箱，80%的人有錄影機。請問，有多少人同時擁有以上四件物品？

131. 北極之行

● 難易度：★★　　完成時間：　　分　　解答：205頁

小朋友你們都坐過飛機嗎？坐飛機很好玩吧？

今天我們就來做一道關於飛機的計算題吧！假設你現在是一名飛行員，你正在駕駛著你的飛機在天上飛。突然你接到了任務。任務是你要駕駛著飛機向北極的方向飛。等你飛到了北極，又收到了從北極點出發，向南飛行50公里的任務，然後再向東飛行50公里。小朋友，你知道現在你的位置離北極點有多遠嗎？

132. 摘蘋果的人

● 難易度：★　　完成時間：　　分　　解答：205頁

幼兒園的小朋友特別愛玩的遊戲，假設現在我們帶小朋友到果園裡來摘蘋果。5個小朋友可以在5秒鐘內摘到5個蘋果，那麼一分鐘內摘到60個蘋果需要多少個小朋友呢？拿起你的筆算一算吧！

133. 變形蟲的分裂

● 難易度：★　　完成時間：　　分　　解答：206頁

小朋友們，你知道我們生活的世界裡除了我們人類和小動物之外還有好多細菌嗎？你知道這些細菌都是什麼樣子的嗎？你知道它們是怎麼長大的嗎？

今天我們就來講一講變形蟲的故事吧！你知道嗎？在實驗室裡做實驗的叔叔阿姨們養了許多的變形蟲，這些變形蟲可以幫助叔叔阿姨們做研究，幫助我們推動科學的進步。現在我們假設，燒杯中的單隻變形蟲可以在1分鐘內分裂成2隻。再過1分鐘，2隻變形蟲再分別分裂，變成4隻。40分鐘之後，燒杯就滿了。

小朋友，你知道變形蟲需要多少時間就能長滿燒杯的一半嗎？

134. 年齡的差別

● 難易度：★★　　完成時間：　　分　　解答：206頁

　　關於年齡的算術題我們現在有了一些接觸，想必大家也有自己解題的思路了吧？

　　我們再做一道吧。我有一個朋友，45年前他的兒子剛出生時他就已經成為一名職業的魔術師了。最近他又告訴我，如果他現在把他的歲數的個位數和十位數調換一下就是他的兒子的年齡。我知道，我的這個朋友比他的兒子要大整整27歲。那你能猜出來，他們父子現在的年齡嗎？

135. 希爾斯摩天樓

● 難易度：★　　完成時間：　　分　　解答：206頁

　　小朋友，你知道世界上最高的樓是什麼樓嗎？

　　今天我們就來講一講世界上最高的樓的故事。世界上最高的樓在與我國隔著太平洋的美國。美國的希爾斯百貨公司的國際總部坐落於伊利諾斯州芝加哥市的希爾斯大廈內。這座大廈是全球最高的辦公樓，所以人們更願意稱它希爾斯塔。已知這座希爾斯塔的高度比它自身的一半還高出225公尺。請問希爾斯塔的高度是多少？

136. 手指問題

● 難易度：★★　　完成時間：　　分　　解答：207頁

小朋友，你看到過UFO嗎？你知道有沒有外星人嗎？

我們今天來講一個故事。假設一群外星人來到了我們生活的地球上，他們和我們長的有一點相像。圓圓的腦袋，他們看到我們之後很吃驚。可是他們的手和我們的不一樣。已知每個外星人的每一隻手上，都有不止一個手指；但他們每個人的手指總數一致；又已知任意一個外星人每隻手上的手指數量也不相同。現在如果告訴你房間裡外星人的手指總數，你就可以知道外星人一共有幾個了。

假設這個房間裡外星人的手指總數在200～300之間，請問房間裡有共有幾個外星人？

137. 俱樂部難題

● 難易度：★★★　　完成時間：　　分　　解答：207頁

靜靜家開了一個網球俱樂部，每天來俱樂部玩的人還真不少，有大人也有孩子。大家在一起打網球很是開心。一天靜靜放學後來到俱樂部找媽媽。媽媽正在忙著。靜靜自己在

一邊玩。過了一會兒，媽媽還沒有忙玩，靜靜走過去看，原來媽媽在做統計呢！

假設靜靜家的網球俱樂部共有189名成員：其中男性成員140名。另外統計得到有8個人加入的時間還不到3年；11個人的年齡小於20歲；70個人戴眼鏡。

現在請你估計加入時間不小於3年，年齡不小於20歲的戴眼鏡的男性成員最少有幾人？

138. 誰更多

● 難易度：★★　　完成時間：　　　分　　　解答：208頁

唐納德和斯賓塞被當地管委會臨時僱用為樹木養護工，他們的具體工作是修剪一條林蔭道兩旁的行道樹。已知該林蔭道兩邊的樹數目相等。上崗那天，唐納德先到。直到他剪完了右邊的3棵樹，斯賓塞才姍姍來遲。不幸的是唐納德被告知左邊才是他該負責的區域。於是他只好重新從左邊開始剪，而斯賓塞則接手了唐納德剛做的活兒繼續往下干。當斯賓塞剪完了右邊所有的樹後，他便穿過林蔭道來到唐納德的工作區幫他剪完了剩下的6棵樹。請問最後誰剪的樹較多，多多少？

139. 門牌號的小遊戲

● 難易度：★　　完成時間：　　分　　解答：208頁

　　帕特裡克和布魯斯剛完成了4761號別墅的大門安裝，現在只差把門牌號釘上去了。因為兩人同為數字俱樂部會員，即使在工作時，帕特裡克也忍不住給布魯斯出了一道難題：問他能否將門牌號釘成一個不能被9整除的四位數？布魯斯成功地解決了這個問題。然後反過來問帕特裡克能否將門牌號釘成一個不能被3整除的四位數。你覺得這兩個問題他們都能解決嗎？如果是你，你會怎麼回答？

140. 農婦摘蘋果

● 難易度：★★　　完成時間：　　分　　解答：208頁

　　在古代的波斯（即現在的希臘、土耳其）有一本很好看的書是《101故事》。在這本書中，有這樣一個關於智慧之神對一個小女孩提問的故事：

　　有一個農婦到果園摘蘋果，果園有四道門，各有一位守門人。出門的時候，那位農婦每經過一道門都要把自己摘的蘋果的一半留給守門人，當她走出第四道門時，只剩下10個

蘋果了。

聰明的小朋友，你知道這個農婦在果園中一共摘了多少個蘋果嗎？

141. 牛和牧草

● 難易度：★★　　完成時間：　　分　　解答：208頁

我家裡養了很多的小牛，這些小牛都很可愛。牠們每天除了在媽媽身邊撒嬌就是去後山上玩，每天無憂無慮的。這一天，我放學回到家，姑姑家的姐姐正在我們家玩兒。她看到我回來了就要和我一起趕著小牛去後山玩兒。媽媽答應了。我和姐姐就趕著小牛去了後山。牠們好像知道要帶牠們出去玩兒，都很高興，搖著尾巴。到了後山上，小牛去一邊吃草了，姐姐和我就在牠們旁邊看著牠們。姐姐問我：「妹妹，你家養了多少隻小牛？」我說我也不太清楚。姐姐又說「我給你出道題吧！假設現在小牛被關在3公尺平方的一片牧草地裡，一頭牛3小時能全部吃完，若30頭小牛吃同樣一塊兒牧草，你說多久會被吃光呢？」我一聽，就開始思考。姐姐看到我皺著眉頭的樣子都笑了。小朋友，快來幫幫我吧！

142. 同年同月同日生的人

● 難易度：★★　　完成時間：　　分　　解答：209頁

　　小朋友，你是哪天的生日呢？你在學校或者幼兒園裡遇到過和你是同年同月同日生的小朋友嗎？下面我們就來做一道關於生日的題目吧！

　　假設在你們學校的初中部一共有3個年級，每個年級有10個班，每個班裡平均有52個同學。如果這些學生中的90％都是在1978～1980年這三年出生的話，你知道她們中有多少是同年同月同日出生的嗎？

143. 玩麻將

● 難易度：★★★　　完成時間：　　分　　解答：209頁

　　小朋友，你看到過家裡爸爸媽媽們休息時玩麻將嗎？那你肯定知道骰子了。在有的遊戲種，好些遊戲是在開始玩的時候就需要先擲骰子的。

　　很多遊戲中，要開始得先擲得6。你一次往往不能直接擲得6。在許多新遊戲中，你可以連著擲幾次，得到一個6。

　　如果要能保證以50％以上的機率擲得6，那第一輪得讓你擲幾次呢？

144. 五分鐘煮蛋

● 難易度：★　　完成時間：　　分　　解答：209頁

　　小朋友，你會自己做飯嗎？平時爸爸媽媽要是不在家的時候你會給自己做飯吃嗎？我就會自己做吃的。煮雞蛋也許是最簡單的了，但是，你知道雞蛋要煮多長時間才能煮熟嗎？

　　假設有一天爸爸媽媽都出門了，而你又餓了，你決定自己煮雞蛋吃。可是家裡沒有鐘錶，你手裡只有一個4分鐘的沙漏計時器和一個3分鐘的沙漏計時器。媽媽告訴你煮雞蛋要5分鐘。你知道如何用這兩個計時器算準5分鐘煮熟雞蛋嗎？

145. 最大的數

● 難易度：★★　　完成時間：　　分　　解答：210頁

　　這天蘭蘭學習了數學中的平方運算。回到家裡她問媽媽：「媽媽，我們來比賽好嗎？」媽媽問：「怎麼比呢？」蘭蘭說我們用1、2、3……9來做運算，可以做任何運算，最後看誰的數最大！

　　媽媽想了想寫出了一個數。看著蘭蘭皺眉頭的樣子媽媽提醒蘭蘭，「你今天數學學的什麼？」經媽媽一提醒，蘭蘭

才想起來，她笑了笑在紙上寫下了一個數。母女倆笑了，原來她們倆寫的數一樣大！

小朋友，你猜她們寫的是什麼數呢？

146. 匪夷所思的數

● 難易度：★　　完成時間：　　分　　解答：210頁

數字是數學世界裡的基本元素，每個數字都是一個小精靈。小麗是一個愛學習的好孩子，尤其喜歡學數學，她也喜歡玩數字遊戲。有一天，鄰居濛濛來找小麗，請小麗幫她算一個數，還說這道題她算了半天了，就是摸不著頭緒。小麗看了看，題目是這樣的：

有這樣一個數，它乘以5後加6，得出的和再乘以4，後加9，然後再乘以5得出的結果減去165，把最終結果的最後兩位數遮住就回到了最初的數。你知道這個數是多少嗎？

147. 台階有多少個

● 難易度：★★　　完成時間：　　分　　解答：210頁

　　夏天到了，吃過晚飯，平平就去找他的小夥伴安安去玩了。直到很晚了他才回家。我問他都去哪玩了？玩什麼了？他告訴我他和安安玩跳台階的遊戲了。

　　原來平平每一步可以跳2個台階，最後剩下了1個台階；安安第一步跳了3個台階，最後會剩下2個台階。平平計算了一下，如果每步跳6個台階，最後剩5個台階；如果每步跳7個台階時，正好一個不剩。他還問我知道台階有多少個嗎？小朋友，你知道台階到底有多少個嗎？

148. 剩下大米

● 難易度：★★★　　完成時間：　　分　　解答：210頁

　　糧食商店進了若干袋大米，除了其中6袋重量不等，其他的重量都相等。重量不等的6袋大米分別是150斤、160斤、180斤、190斤、200斤和310斤。因為太重，所以糧食店的阿姨沒有給它們重新包裝成跟其他大米重量相等的袋子。

　　這天，先後來了兩個買大米的人，第一位買走了兩袋，

第二個顧客買走了三袋。阿姨不知道最後剩下的是多少斤的袋子，只知道第二位買去的大米的重量是第一位的2倍。那麼，你知道兩位顧客買走的都是多少斤一袋的大米嗎？店裡剩下的是多少斤？

149. 排隊數人

● 難易度：★★★　　完成時間：　　分　　解答：211頁

　　友誼商場建好了，他們招聘了一百名員工，再加上商場的中層領導八人，一共是108名員工。商場的總經理不負責日常營業，只負責制定經營方向和方法。總經理規定：每天早晨由人事經理清點員工人數，並帶領大家做早操。

　　人事經理很精明，他覺得每天數來數去很麻煩，於是他想到一個好辦法。每天早晨他不用點數，只是讓大家排隊。然後他讓大家改變兩次隊形，就知道人數是多少了。開始時，大家都主動排成3行，這時隊尾會多出2人，然後他又要求大家把隊列改成5行，這時隊尾仍然會餘出2人，最後他要求大家把隊列改成7行，如果發現仍餘2人，他就會知道人數齊了，可以做早操了。這樣做既節約時間，又省了人事經理的事。那麼，他是怎麼考慮的呢？

150. 蝸牛的故事

● 難易度：★　　完成時間：　　分　　解答：211頁

　　一隻小蝸牛從生下來就在院子裡面生活，它很堅強，視野也比別的蝸牛開闊。它總想知道院子外面的世界是怎樣的。於是它做了好幾天的準備，準備爬到牆外面去看看。它的小夥伴還有小黃鸝都嘲笑它說：「你要是爬到牆外那要多長時間啊，說不定等爬到你都成老頭了。還是別再異想天開了吧。」小蝸牛沒有聽他們的，仍然堅持爬到牆外去。

　　這天，天氣很好，小蝸牛背起行囊開始了挑戰。每天白天的時候它爬的距離為六尺六，可是晚上它又滑下三尺三，但它每天仍然不屈不撓地努力著。請問如果牆高一丈九，那麼小蝸牛幾天能爬到牆頭上？

151. 分配任務

● 難易度：★★　　完成時間：　　分　　解答：212頁

　　小孫和小蘇是公司的打字員，她們兩個常常為了增快打印文件的速度互相合作。

　　這天公司有一份急件，要求小孫和小蘇迅速印出來。這

份文件共有12頁，兩位打字員小孫和小蘇準備互相合作，共同完成。小孫每小時能打3頁，小蘇每小時能打4頁。那麼，兩個人一起合作，各需要打幾頁能盡快地完成任務？

152. 趣味數學課

● 難易度：★★　　完成時間：　　分　　解答：213頁

　　形形的數學老師特別會講課，他不僅風趣幽默，更喜歡帶著大家做遊戲，在遊戲中傳授給同學們數學知識。所以，班上的同學們都很喜歡數學老師，而且，在老師的帶領下，同學們的數學成績一直保持在年級第一名。

　　這天，老師帶來了一大包小玩具，告訴大家說今天要考試。同學們很不解，為什麼老師不拿試卷，反而拿這麼多玩具來呢？老師看見大家疑惑的目光，笑著說：「今天考試我們不用試卷，我呢，用嘴問，你們回答，目的是考察一下大家對我們最近學習的四則運算的掌握。大家可以搶答，不僅要回答結果，還要說出計算過程，答對了就可以得到我手中的小禮物。你們說好不好？」同學們都很高興，覺得很有意思，於是大家一起說：「好」。老師開始問第一個問題：「哪個數用5除或減去5得數相同？」形形考慮了一下，很快舉起手來回答了。她回答的很正確，老師獎勵給她一個小玩具，

形形覺得很驕傲。老師又開始問第二個問題了：「有一個數，兩個相加的和與兩個相乘的積，結果是相同的，這個數是幾？」同學們都覺得很容易，都舉手搶答，老師請把手舉的最高的同學回答，這個同學又回答對了，於是他也得到了一個小禮物。

老師的第三個問題也很簡單：「用9個相同的數組成一個算式，使運算結果等於1，同學們能想出多少個算式呢？」大家都認真計算，有好幾個同學一起舉手，於是老師就挨個點名，大家回答的都很好，於是每個回答的同學都得到了小禮物。

同學們都在期待著老師的第四個問題，老師說：「這個問題有點難度，不過我相信大家會有辦法的。問題是：有甲乙丙丁四個數的和是45，如果甲數減少2，乙數增加2，丙數乘以2，丁數除以2，那麼這四個數就相等，這四個數各是多少？。」聽到這道題，同學們一時都找不到思路了，該怎麼計算呢？同學們在紙上算了又算，突然，班上的數學課代表站起來回答：「老師我算出來了。」老師聽了他的答案讚許地點了點頭。

數學課還在繼續著，課堂上的氣氛也越來越熱烈。

你知道老師說的前四道題同學們是怎麼計算出來的嗎？

153. 猜汽車

● 難易度：★　　　完成時間：　　　分　　　解答：214頁

　　這是一個節目中的中彩遊戲：在經過一系列的競爭後，節目主持人把競爭獲勝者帶到三個用簾子遮住的房間前，告訴他，其中一間房間裡有一輛汽車，猜中就能得到。猜的方式很特別：獲勝者先指定一間房間，但主持人並不掀開簾子；那麼現在我們都知道另外兩個房間裡至少有一間是空的，主持人預先知道空的是哪間，他走過去將空的一間打開，然後再問獲勝者，要不要換一間房間試運氣？是要先指定的那間還是另一間？

　　那麼，沒有打開的兩個房間裡，哪間有汽車的機率更大？是多少？怎麼計算出來的？

　　值得注意的是，這道題是一個機率問題，但這道機率題跟一般的不一樣：主持人提前知道哪間房間是空的，這就影響了事件的發展。一般的機率理論是假設一切都是偶然發生的。

154. 誰去取牛奶

● 難易度：★　　完成時間：　　分　　解答：214頁

這些天天氣很冷，兄弟兩個正好趕上放寒假，都待在家裡誰都不願出門。可是，牛奶工每天都把牛奶送到他們小區的傳達室。於是他們就必須每天派一個人去取牛奶。

兄弟兩個誰都不願意下樓取牛奶，每天他們兩個都要扔硬幣決定誰出門。

他們輪流扔硬幣，誰先扔到人頭朝上誰贏，請問兄弟兩個贏的機率各為多少？

155. 相接近的點

● 難易度：★　　完成時間：　　分　　解答：215頁

豆豆和小小在院子裡玩遊戲，每次他們玩的遊戲都是稀奇古怪的，大人們猜不透，他們卻玩得不亦樂乎。

今天他們又在玩什麼呢？原來，他們在玩猜拳，誰贏了就往前走一步。在他們面前的地上有一條直線，誰先走到誰跟前誰就勝利了。

住在他們院子裡有一個老爺爺，他原先是數學老師。老

爺爺在他們院子裡很受人尊敬。現在他已經退休了，每天下午都會到院子裡曬太陽。今天老爺爺看見豆豆和小小做遊戲，於是也過來湊熱鬧，聽完豆豆和小小的介紹，老爺爺哈哈大笑，他說豆豆和小小是永遠不會真正走到一起的。這是為什麼呢？

156. 卡車過橋

● 難易度：★　　完成時間：　　分　　解答：215頁

　　一輛拉著貨的加長卡車，車身加上車頭一共長2公尺。它要透過一座12公尺長的石橋。目前它的速度是每分鐘走4公尺，假設司機保持這個速度不變，那麼，這個加長卡車需要多長時間透過這個石橋？

157. 小院的故事

● 難易度：★★　　完成時間：　　分　　解答：216頁

　　張老師退休前是中學老師，他十分熱愛他的工作，可是歲月不饒人，到了退休的年齡了。張老師很不願意退休，他不想離開他站了幾十年的講台，不想離開他那可愛的學生們。但是，他同時也應該給學校的年輕老師多點機會。於是，張老師聽從學校的安排退休了。

　　退休之後的張老師很煩躁，幾十年了，從來沒有覺得自己這麼沒用，感覺對什麼事情都沒有激情了。張老師的妻子看在眼裡急在心裡，她不知道該怎樣才能讓張老師恢復平靜。這天，天氣很好，張老師的妻子聽見窗外有孩子的歡笑聲，往外一看，看見好幾個孩子在院子裡面做遊戲，在玩老師教學生的遊戲。她突然有了個想法，於是趕緊出門去了。

　　晚上，好幾個孩子的家長來到張老師的家裡，請張老師給他們的孩子輔導功課。張老師看見這種情況，覺得很高興，自退休以來他的臉上頭一次出現了笑容。妻子看見他這樣也覺得很欣慰。原來張老師的妻子出去是找院子中的鄰居們幫忙的。

　　於是，張老師成了小院中孩子們的老師。每到週末，他都會把孩子們叫到院子中教他們做功課，還給他們講數學知識。

　　每個週末結束時，張老師還會給大家出三道數學題，給

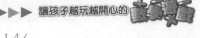

他們一周時間思考，然後到了下個周末老師會給解答。因爲老師出的題既有趣又能學到知識，所以孩子們都很喜歡。這個週末張老師出的是什麼題呢？他出的三道題目是這樣的：

①. 53×57＝？不用筆算，你能一眼看出來結果嗎？（這道題老師提醒同學們要注意總結規律）

②. 用5個「1」加上運算符號，編一個得100的等式。同樣用5個「5」也能編出，請列出式子。

③. 試把100分成a、b、c、d共4份，

讓a＋4＝b－4＝c×4＝d÷4

你能計算出這三道題嗎？

158. 幾何的問題

● 難易度：★   完成時間：   分   解答：216頁

大家做了那麼多道計算題了，是不是瞭解了很多數學規律和數學常識了呢？那麼我們下面來看兩道幾何題吧。幾何題是數學學科的一門分支，一般是用來研究圖形和模型的。

我們先做兩道關於幾何的題吧。

①. 有一圓柱體，直徑是8公分，高是15公分。沿著直徑鋸成相等的兩塊，求每塊的表面積是多少？

②. 任意一個直角三角形，直角邊之和與它的內切圓直徑和外切圓直徑之和相等，爲什麼？

159. 孿生數字

● 難易度：★★　　　完成時間：　　分　　　解答：218頁

在數學王國中的一個家庭中，有9個兄弟，他們都是孿生的，奇怪吧？大家每天在一起肯定很有意思。這9個兄弟是11、22、33、44、55、66、77、88、99。每天他們在一起吵吵鬧鬧的，時不時的還搞些小惡作劇，弄得數字媽媽很無可奈何。

這天家裡來了客人，大家一起問客人好，客人很驚訝，誰家也沒有9個孩子都是孿生的，真是稀奇。9個兄弟看見客人如此驚訝，告訴客人說：「我們還能組成有趣的等式呢，你能發現規律嗎？」於是，9個兄弟的其中三個就開始組合，這三個組合完了，又過來三個排成組合。

客人怎麼也沒有發現其中的規律，你能發現嗎？

他們的組合方式是這樣的：如77×88＝6776，55×99＝5445

你發現規律了嗎？

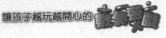

148 --

160. 慢鐘

● 難易度：★　　完成時間：　　分　　解答：218頁

爺爺家有一隻老鐘，老鐘已經很舊了，但爺爺總是捨不得丟掉它，因爲那是爺爺的爸爸留給爺爺的遺物。每天早上，爺爺吃完早飯第一件事就是擦拭老鐘。老鐘每天被爺爺上足了發條不急不徐地走著。彷彿爺爺的腳步似的，一輩子踏踏實實，有條不紊。

今天是週末，大家都來爺爺家聚會。爺爺看見兒子兒媳，女兒女婿都帶著孩子來看望他們老人家，高興得合不攏嘴。

中午吃完飯，爺爺把小孫子抱在腿上，問小孫子在學校都學什麼了？小孫子說他們學做四則運算了，還學會計算時間了。爺爺想了想說：「那麼，爺爺考考你好不好？」小孫子點點頭答應了。

爺爺說：「咱家的老鐘正常鐘慢3分鐘，如果我在中午12點對準了標準時間，那麼鐘走到夜晚12點時，那時候是標準時間幾點？」

小孫子很聰明，一會就算出來了。爺爺高興地哈哈大笑。

你知道標準時間是幾點嗎？

161. 出毛病的鐘

● 難易度：★　　完成時間：　　分　　解答：219頁

　　毛毛家的時鐘出了毛病，鐘的時針行走如常，可是它的分針卻倒著走，正常的分針每小時走60分鐘，而毛毛家的分針卻每小時走80分鐘。每天這只鐘都會有幾次顯示的是準確時間。那麼現在6點半鐘時時鐘的顯示是正確的（如圖），請問下一次這檯鐘會再一次正確顯示時間是在什麼時候？

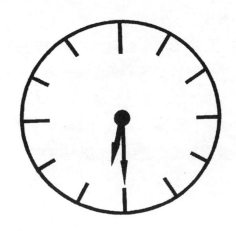

162. 農婦賣蛋

● 難易度：★★　　完成時間：　　分　　解答：219頁

小花的家在農村，她們家裡有幾畝地，還養了好多隻小雞。小花的媽媽是一個又聰明又能幹的媽媽。小花真是一個好孩子，她每天放學回到家就幫媽媽幹活兒，不是去拔草，就是去餵小雞。

這一天是週末，小花不用去上學。早上起來吃完飯後媽媽就把她叫到身邊說：「小花，今天和媽媽去鎮上賣雞蛋吧！」小花高興極了。

集市上的人可多了，小花看到很多好玩兒的東西。她自己在一邊玩，媽媽在賣雞蛋。媽媽賣給第一家全部的一半又半個；賣給乙家剩下的一半又半個；賣給丙家剩下的一半又半個，最後丁家買了剩下的一半又半個。這時雞蛋剛好賣完。

那麼你知道小花媽媽賣了多少雞蛋嗎？

163. 楊貴妃的荔枝

● 難易度：★　　完成時間：　　分　　解答：220頁

　　小朋友，你喜歡吃荔枝嗎？

　　相傳古時候，有一個非常漂亮的妃子，叫楊貴妃，她是皇上身邊的寵妃。皇上很寵愛她，她要什麼東西都給她。這個楊貴妃平生最喜歡吃荔枝，可是荔枝只有在南方才能夠生長，我們北方的氣候條件是不適合荔枝生長的。楊貴妃可不管這些，只要她想吃就得有。為了讓她的飯桌上每天都能有荔枝，南方的荔枝園園主每天都要派出1名騎士飛馬傳送，從來不敢間斷。

　　這一天貴妃高興，派人賞了一尊美酒給荔枝園。使者出發後10天才能到達荔枝園，他的速度與送荔枝人的一樣快，並且同時相對出發，你知道這位使者一路上能看到幾個飛馬送荔枝的騎士嗎？

164. 百雞

● 難易度：★★　　完成時間：　　分　　解答：220頁

　　小曼家是養雞專業戶，她們家養的雞可多了。小曼平時放學後就給小雞們去捉蟲子，媽媽說小雞們吃蟲子好，蟲子是高蛋白，小雞吃蟲子要比吃雞飼料長得肥。一天，小曼放學後又去給小雞們捉蟲子。這次她捉了很多的蟲子，足夠小雞們飽吃一頓的了。

　　小曼家的雞等到長到了個兒就可以拿到城裡去賣錢了。假設一隻公雞能賣3元，一隻母雞能賣5元，小雞3隻能賣1元。這一天，有一個人花了100元買了小曼家100隻雞。小朋友，你知道這100隻雞裡面有多少隻公雞，多少隻母雞，多少隻小雞嗎？

165.

沙漠旅行

● 難易度：★★★　　完成時間：　　分　　解答：220頁

　　小朋友，你喜歡旅遊嗎？你都去過哪些地方呢？

　　你們去旅遊的時候是坐飛機呢？還是坐火車？或者是自己開車去呢？你們知道還可以開車穿越大沙漠嗎？在我國有很多喜歡旅遊和冒險的人們，他們之中的一部分人就喜歡開車穿越大沙漠。現在我們假設有5位探險家計劃乘車橫穿380公里的沙漠，他們開了5輛汽車，每輛車帶6桶汽油，每桶油可供行駛40公里，顯然不夠穿越沙漠。5輛車行駛了40公里後，各用了一桶油，他們將其中一輛車上的4桶油分給其它4輛車，讓這輛車返回。4輛車又行駛40公里，又用同樣的方法分配汽油，返回1輛車……請問最後1輛車能否穿越沙漠，用油情況又如何呢？

Answer

解答

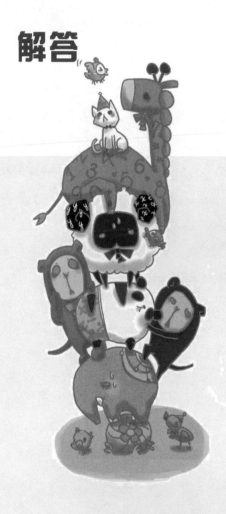

1.

解 94隻？並不需要那麼多，35隻青蛙就夠了。

因為35隻青蛙在1分鐘裡能捉1隻蒼蠅，所以這35隻青蛙在94分鐘裡就能捉94隻蒼蠅。

如果你答錯了，多半是因為只注意「數」，而沒有理清「量」的關係。仔細地分析這道題，就能知道青蛙捕蠅的速度應該是每隻青蛙每分鐘捉$\frac{1}{35}$隻蒼蠅，而不是大多數人想當然的每隻青蛙每分鐘捉1隻蒼蠅。即使每隻青蛙每分鐘捉1隻蒼蠅，那麼在94分鐘裡捉94隻蒼蠅也只需要1隻青蛙就夠了。

2.

解 1.這疊紙的厚度將達到3355.4432公尺，有一座山那麼高。

3.

解 只要這樣擺放就行了。你猜到了嗎？

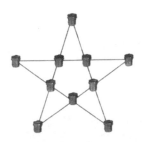

4.

解 這個人去世時是18歲。因為年號裡沒有稱為0年的年，而生日前一天或者後一天之差，在年齡上就差一歲。

5.

解 對於第一問，你可能會脫口而出是12秒，12秒絕對是錯誤的答案。

你必須明確每敲一下鐘都會有間隔，所以，時鐘敲打6下共有5次間隔，題中說敲打6下需要6秒鐘，那麼每次敲打之間的時間間隔就是1.2秒。那麼，敲12下的話，中間有11個間隔，所以一共需要13.2秒。

關於第二問，有了「間隔」的意識，你應該不會想當然地覺得答案是7秒。你可能會經過仔細的分析：每次敲打之間的時間間隔將是1.2秒，時鐘敲7下的話，中間有6個間隔，所以一共需要7.2秒。

可這並不是第二問的正確答案，因為題目問的不是「敲7下要多長時間」，而是「人們需要多長時間才知道現在是7點」。要確定是不是7點，不僅要等時鐘敲七下，還要看時鐘會不會敲第8下。所以我們還要繼續等待1.2秒，所以一共需要8.4秒。

6.

解 只要讓小熊、小猴子、小豬各拿出10元給小兔子就可以
了，這樣只動用了30元，否則，每個人都按照順序還清
的話就要動用100元。

7.

解 不會。在增加的100公尺中，兔子還會領先烏龜。

8.

解 3581，7162。

9.

解 青蛙會獲勝。

你也許會這樣分析：松鼠跳得遠但是頻率慢，青蛙跳得
近但是頻率快，它們跳6公尺所用的時間是相同的，所以
應該打成平手。但其實最後的勝利者是青蛙。

因為當青蛙跳完第一個100公尺時，剛好跳了50次，所以
往返的全程一共需要跳100

松鼠跳第一個100公尺時，前33次跳了99公尺，為了最後
1公尺，不得不多跳一次；而在返回時也同樣需要跳34
次。所以在200公尺的全程中，松鼠總共需要跳68次，等
於青蛙跳102次所用的時間。

那麼自然是青蛙獲勝了。

10.

解 12個月中小兔子的對數分別是：1、1、2、3、5、8、13、27、34、55、89、144。所以滿一年可以繁殖出376對兔子。這麼多兔子當然就能辦一個兔子養殖場了。

11.

解 不正確。如果出錯的話，至少有2封信出錯。

12.

解 沙皮狗跑了5000公尺。沙皮狗的奔跑速度是不變的，只需要知道沙皮狗跑了多長時間，就可以計算出它的奔跑路程。而舟舟追上洋洋用了10分鐘，因此沙皮狗跑了5000公尺。

13.

解 首先假定汽車往返於甲公司和施工工地之間，一次需要半小時。若分成兩組，前半小時每組各裝好了1車，後半小時等待汽車往返，工人休息，因此用這一方法時，1小時內裝了2車，運了2車。

若10個人一起裝車，15分鐘就可以裝好第一輛車，車子

馬上開出；第二個15分鐘，這10人再裝好第二輛車子，車子又開往工地，第三個15分鐘由於兩車都在路上，所以工人休息，第四個15分鐘工人開始裝已經返回的第一輛車。用這種方法，1小時內裝了3車，運了2車。

很顯然，第二種方法效率高，第一種方法浪費了汽車在路途上的時間。

14.

解 商店老闆先倒5公升的牛奶到小林的瓶子裡，然後把這些牛奶倒到小花的瓶子裡，那麼小林的瓶子裡還剩下1公升，再把小花的瓶子裡的4公升倒回一半到老闆的桶裡，再把小林瓶子中的1公升倒在小花的瓶子裡，小花就得到他想要的牛奶了。現在牛奶桶裡還剩下18公升牛奶，老闆把這些牛奶倒到小林的瓶子裡，倒滿就好了。

15.

解 對面的小孩可以把木板向山澗的那邊伸出一小部分，並坐在木板的另一端壓住木板（孩子力氣小，可能用手壓不住），兄弟二人可以把木板搭在自己的一方與小孩的木板之間，於是就可以一個個從容過河了。然後他們可以壓住木板，讓小孩過河。你能想到嗎？

16.

解 答案是2.5元。

通常人們會不假思索地回答說：籃子的價錢是5元。如是這樣的話，水果就只比籃子貴15元了，而題目中說水果比籃子貴20元。只有包裝2.5元，水果本身價錢是22.5元時，水果才恰好比籃子貴20元。其實這道題如果根據題意列出方程，計算後得出結果就一目瞭然了。

17.

解 原來，根據老婆婆原來的賣價，1個雞蛋可賣得到$\frac{1}{3}$元，1個鴨蛋可以賣得$\frac{1}{2}$元，平均價格是每個（$\frac{1}{2}+\frac{1}{3}$）÷2 $=\frac{5}{12}$元。但是混賣之後平均1個鴨蛋或者雞蛋都賣得$\frac{2}{5}$元，比第一天的平均價格少了$\frac{5}{12}-\frac{2}{5}=\frac{1}{60}$元。老婆婆一天一共賣60個蛋，而60個蛋正好少了一元。

18.

解 小明算出兩瓶一樣多。他是這樣算的：第二次取出的那杯混合液，因為它和第一杯體積相等，都設為a。假設這杯混合液中酒精所佔體積為b，那麼倒入第一瓶酒精的水的體積是a－b。第一次倒入水的酒精為a，第二次倒出b體積酒精，則水裡還剩a－b體積酒精。所以酒精瓶裡的水和水瓶裡的酒精一樣多。從此，小明學著爸爸的樣子給自己演示混合溶液的問題，終於掌握了這類問題的解法。

19.

解 根據上文的敘述，有些人很可能認為有一半的人是男人，另一半是女人，也就是16位男士，16位女士。但其實這是錯誤的。

我們來分析一下，文中強調是用隨意的方式將32個人分成一對一對的舞伴，每對中至少有一位是女性；也就是說，在這任意搭配的16對中，絕對不會出現兩個都是男性的搭配，當然也有可能有2位或更多的男性均分在每對舞伴中，但題目強調的是，透過任意次的分配，都能保證總是每對中至少有1位是女性。所以，本題的答案只有一個，參加舞會的男性只有1位，其餘31位都是女性。

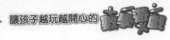
20.

解 實際上，他們兩個是走了一個圈。人走路時，兩腳之間有一定的距離，大約是0.1公尺，每一步的步長大約是0.7公尺，由於每個人兩腳的力量不可能完全一致，因此邁出的步長也就不一樣。若在白天，我們能看清路，要沿直線行走，我們會下意識地調整步長，保證兩腳所走過的路程一樣長。當在夜間行走辨不清方向時，就無意識去調整步長，走出若干步後兩腳所走路程的長就有一定差距，自然就不是沿直線行走，而是在轉圈，這就是「鬼打牆」現象。

21.

解 莉莉用的是「編組法」。老師一人分3個饅頭，同學們3人分一個饅頭。那麼合併計算，就是：4個人吃4個饅頭。這樣，100個師生正好編成25組，而每一組中恰好有1個老師，所以我們可立即算出老師有25個人，用100減去25就可以知道學生有75個人。你明白了嗎？

22.

解 按先買161瓶啤酒計算，喝完以後他們用這161個空瓶還可以換回32瓶（161÷5＝32……1）啤酒，然後再把這32瓶啤酒退掉，這樣一算，就發現實際上兄弟甲買了161－32＝129瓶啤酒。可以再次檢驗一下：如果先買129瓶，喝完後用其中125個空瓶（必須是5的倍數）（還剩4個空瓶）去換25瓶啤酒，喝完後用25個空瓶可以換5瓶啤酒，再喝完後用5個空瓶去換1瓶啤酒，最後用這個空瓶和最開始剩下的那4個空瓶去再換一瓶啤酒，所以這樣他們總共買了：129＋25＋5＋1＋1＝161瓶啤酒。你算對了嗎？

23.

解 我們可以假設寡婦的女兒分得了X元，那麼根據法律規定，寡婦應該得到2X元，而她的兒子則應該得到4X元，如此，我們就可以得出：X＋2X＋4X＝3500元，分析得出，X＝500元。所以寡婦應分得1000元，兒子分得2000元，女兒500元。這樣，他們國家的法律得到了完全的履行。

24.

解 為了敘述方便,我們把這支香暫時稱為A和B。那麼具體做法如下:

首先,同時點燃A的兩端和B的一端;當A燒完時,正好過了30分鐘,也就是說B還能燃燒30分鐘,所以在A燃盡的一剎那,迅速點燃B的另一端,那麼B的燃燒速度會加一倍,恰好再過30分鐘的一半即15分鐘燒盡,總的時間就是45分鐘。

25.

解 為了方便計算我們先把1元換算成100分。

5枚2分的郵票,50枚1分的8枚5分的,加起來正好是1元。

26.

解 足夠了。5隻雞5天一共生5個蛋,也就是說一隻雞一天生一個蛋。所以,5隻雞50天正好生50個蛋。

27.

解 假設1內代表第一副手套的裡面，而1外代表它的外面。同樣的，2內代表第二副手套的裡面，2外是它的外面。

第一位大夫同時戴兩副手套進行手術，因此1內與2外就污染了，而1外與2內還是乾淨的。

接著第二位大夫只戴第二副手套進行手術，這時用掉了2內這一面。而2外在第一次手術就接觸到了患者，所以沒有問題。

輪到第三位醫生動手術的時候，他把第一副手套的外面（也就是1外）翻過來，戴在手上，那一面是消毒的。然後他再把第二副手套戴在外面，仍然保持2外接觸患者。這樣，在整個手術過程中，患者只接觸到2外這一面，也保證了三位醫生用的都是消過毒的一面。

28.

解 假設老王的主菜花了A元，那麼他的炒菜就是A＋5元，他一共花了6元，所以我們可以得出：A＋A＋5＝6元，由此，我們可以算出老王的主菜花了0.5元，也就是5角錢。

29.

解 在59分鐘的時候是半盒雞蛋。你猜對了嗎？

30.

解 我們可以假設這個商人最初有A個錢幣，那麼在他經歷第一個關口的時候，剩下$\frac{1}{2}$A＋1個錢幣了。當他經歷第二個關口後就剩下$\frac{1}{2}$×（$\frac{1}{2}$A＋1）＋1個錢幣，依次類推，我們可以得出，這個幸運的商人實際上沒有損失什麼，他仍然擁有兩個錢幣。

31.

解 甲先生的計算過程是不合理的。整個行程中一部分是兩人分攤，而還有一部分應該是甲先生自己負擔，對於甲和乙來說，這兩個價錢是不一樣的，可是甲先生把它們混淆了。實際上甲先生自己應該負擔全程的$\frac{1}{4}$，但是在他的計算方法裡，自己負擔的部分只有$\frac{1}{7}$。

所以正確的計算方法應該是：將全部路程的一半作為1個單位，因此全程為4個單位。每個單位攤到的租金是35元。第1個行程單位的租金由甲先生單獨承擔，後面的行程則由兩人平攤。因此，甲先生應付的車費是87.5元，乙先生應付的費用是52.5元。

32.

解 小猴子發現了怎樣所得的數是兩個數中較小數的2倍。

當從兩個數的和中減去這兩個數的差時，就是從兩個數的和中減去了較大數比較小數多的一部分，得到的結果是兩個較小數的和，也就是較小數的2倍。你找出規律了嗎？

33.

解 把10個箱子依次裝進1、2、4、8、16、32、64、128、256、489塊磁磚，這樣，1000塊磁磚剛好全部被裝進去。然後在各個箱子上做好數量標記。

如果有人要買1塊磁磚，拿第一個箱子就行了。如果買的磁磚數少於4塊，老闆就在前兩個箱子之間拿。如果少於8塊，只要在前三個箱子之間計算一下……以此類推，如果少於512塊，只要在前9個箱子間計算一下就行了。

34.

解 我們假設順子原來有A隻羊，那麼根據順子所說，我們可以得出：$A + A + \frac{1}{2}A + \frac{1}{4}A + 1 = 100$，由此算出，$A = 36$。所以順子原來有36隻羊。其實，這道題在我國明代著名數學家程大位的《算法統宗》一書上就有了記載，他的計算式為：

$$(100 - 1) \div (1 + 1 + \frac{1}{2} + \frac{1}{4}) = 36 隻$$

35.

解 朋朋喝完了之後，剩下的果汁連瓶子還有2千克，所以朋朋喝了重3.5－2＝1.5千克的果汁，既然說他喝了一半的果汁，那麼果汁總共重1.5×2＝3千克。所以就此推出瓶子重3.5－3＝0.5千克

36.

解 40支。

37.

解 從已知條件來看賣書後所得的錢必然是一個完全平方數，而且這個完全平方數的十位必須保證是個奇數，這樣他們所買的新書的數量也是奇數，不夠分配，所以必須以筆記本來充數。

那麼，十位是奇數的完全平方數有什麼特點呢？我們先來看看他們有哪些：16、36、196、256、576、676、1156……你可能會發現，他們的個位上全都是「6」。沒錯，正是這樣的。

綜上所述，就可以知道鵬鵬和小寧用賣舊書的錢買了一些新書和一個6元的筆記本。因為新書是10元一本，所以拿到筆記本的人得到的總價值比對方少4元。這樣，拿走筆記本的應該得到對方的2元作為補償。

38.

解 至少需要切四刀。第一刀和第二刀可以相交垂直切，就切成了4塊，然後第三刀和第四刀也相交垂直切，就分成8塊了。

39.

解 我們可以這樣計算：4名工人4天工作4×4＝16個小時能製作出四架飛機，也就是說，一名工人工作16個小時能製作出1架飛機模型，所以，1名工人工作1小時就生產$\frac{1}{16}$架模型飛機。由此可以得出：8人每天工作8小時，一共工作8天，那麼應該製作出8×8×8×$\frac{1}{16}$＝32架。所以，答案是32架。

40.

解 首先，分別將5公斤和9公斤的砝碼放在天平的兩個盤中，然後在放有5公斤砝碼的盤中逐漸添加中藥，直到天平平衡，這些中藥便是4公斤。

然後，用這包4公斤的中藥做砝碼，在天平上將剩下的中藥均分成4包，每包都是4公斤。

最後，將這樣的5包4公斤的中藥逐包一分為二，於是就得到10包重量均為2公斤的中藥。

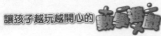
41.

解 將會遇到15艘同一公司的客輪,除了會遇到6艘已經在海上航行的客輪之外,還有這艘客輪在海上行駛的7天中從拉斯維加斯出發的7艘客輪。除此之外,還會遇到2艘:一艘是在起航的時候遇到的(從拉斯維加斯開過來的客輪),另一艘是到達拉斯維加斯時遇到的正要從拉斯維加斯出發的客輪,所以,加起來一共是15艘客輪。你明白了嗎?

42.

解 不需要爬上塔頂。當天氣好的時候,從中午一直等到下午,當太陽的光線給金字塔投下長影時,就可以測量了。測量者要測量自己的影子的長度,在測量者的影子和身高相等的時候,就可以測量金字塔影子的高度了,影子的高度跟金字塔的實際高度相等,由此我們就知道金字塔的高度了。實際上,當影子和身高相等的時候,太陽光正好和地面成45度角。

43.

解 夥計當然不能答應。假設一雙鞋原價賣10元，兩雙鞋就值20元。但如果是半價，那麼兩雙鞋只賣10元，而一雙鞋就只值5元。

這生意當然不合算。

44.

解 解決不正常天平的問題，你只要記住一個公式：把物體放在天平的一端秤一下，再放到另一端秤一下，將所得的兩個結果相乘，然後把乘積作開平方根運算，結果就是物體的真正重量。大家可以根據槓桿原理來推導這個定理。

那麼，已知一隻砝碼重100克，所以第一次秤量表明一個桔子的重量為37.5克，第二次秤量表明一個桔子重量為600克。根據上面得到的公式，就可以知道一個桔子的實際重量是150克。

45.

解 最多需要稱3次。我們可以把大米和玉米、玉米和小米、大米和小米分別裝在兩個袋子裡面一起稱，也就是說每袋糧食都被稱了兩次，那麼把三次稱得的重量加起來除以2，就得到一袋大米、一袋小米和一袋玉米的總重量了。然後把總重量減去大米和玉米的重量，就得出小米的重量了。依此類推，分別再減去玉米和小米、大米和小米的重量，就能算出大米和玉米各重多少了。

46.

解 一個農婦帶了40個雞蛋，另一個農婦帶了60個雞蛋。

47.

解 假設雞有X隻，那麼兔子就有（36－X）隻。

從題意我們可以知道，小雞和小兔的腳一共有100隻，也就是說2X＋4（36－X）＝100

解這個方程式，我們可以得到答案，X＝22也就是說雞有22隻，那麼兔子的數量為36－22＝14（隻）

48.

解　首先，把20g的砝碼放在天平一邊的托盤裡，把藥粉分成
兩份，放在天平兩邊的托盤裡。通過增減兩邊的藥粉使
天平達到平衡。這時，天平上沒有砝碼的一邊的藥粉重
45g，另一邊有砝碼的重25g。分別取下藥粉，天平一邊
仍放20g砝碼，另一邊放25g藥粉，並從中不斷取出藥粉
收集起來，使天平再次平衡。這時天平上的藥粉有20g，
而最後取下來的藥粉正好5g。

49.

解　假設鉛筆＝x，鋼筆＝y，圓珠筆＝z，橡皮＝Q，我們再
根據題意可以得到下列式子：

$2Z + 1Q = 3$ ………………………………………………（1）

$4Y + 1Q = 2$ ………………………………………………（1）

$3X + 1Y + 1Q = 1.4$ ……………………………………（3）

我們把（1）×1.5可以得到$3Z + 1.5Q = 4.5$

把$\dfrac{(2)}{2}$可得$2Y + 0.5Q = 1$

把三者加起來就是$3X + 3Y + 3Z + 3Q = 6.9$，再除以3可
得：$X + Y + Z + Q = 2.3$（元）

所以，如果各種文具都買一種需要2.3元

50.

解 假設，這位數學家的年齡為X，我們可以從題意中得知：

$\dfrac{x}{7}+\dfrac{x}{4}+5+\dfrac{x}{2}+4＝X$，我們解這個式子可以得出X＝84

51.

解 小白知道，數學中，除了0外，只有1和8在鏡子中照出來依舊是本數，所以知道兩種魚條數的積是87，因為81在鏡子裡是18，正好是9＋9。所以我們可以知道，小白爸爸的魚缸裡五彩神仙魚、虎皮魚的數目各是9條。

52.

解 最多可以切22塊。

切割的次數	最多的塊數
0	1
1	2
2	4
3	7
4	11
5	16
6	22

53.

解 1. $111 - 11 = 100$

2. $33 \times 3 + 3 \div 3 = 100$

54.

解 從題中我們可以知道,一隻錶比正常手錶慢2分鐘,另外一隻卻要快1分鐘,這樣,那隻快的手錶比慢的手錶整整慢3分鐘。而想要它們差一個小時,也就是60分鐘,就用 $\frac{60}{3}$,所以,只要走20個小時,這兩隻奇怪的手錶就會相差1個小時了。

55.

解 多3人。

與小霖相比,露露多了一個兄弟(小霖),又少了一個姐妹(她自己)。所以,露露的兄弟比她的姐妹多的人數,比小霖的兄弟比他的姐妹多的人數,還要多2人。

其實這是個很簡單的計算題,如果你的答案是錯誤的,可能是因為把大多數心思都花在求證露露和小霖到底有多少兄弟姐妹上去了。

56.

解 37種

這道題剛看時有些摸不著頭腦，因為很容易遺漏，所以要做對這道題需要按順序來寫。5個砝碼單獨秤有5個不同的重量；如果選2個砝碼的話，就有10種重量；選3個砝碼的話，就有16種；選4個的話就有5種；選5個的話，就只有1種。再將這些相加，即：5＋10＋16＋5＋1＝37種。也就是說這5種砝碼可以秤1克～37克中的任何一個重量。

57.

解 3的21次方。

因為平方運算比加、乘都要多。所以3的21次方是這些數中最大的。你寫對了嗎？

58.

解 解這道題的關鍵就在於你是否發現，需要注射兩針疫苗
的人和不需要注射的人是一樣多的，都占總人數的16％。
如果你沒有發現的話，就難免陷入繁瑣的計算中。發現
了上述事實，你就可以知道，有一部分同學只需要注射
一針，餘下的一半人不需要注射，一半人需要注射兩針，
平均下來每位同學都等於注射了一針。所以注射針劑數
量就等於班級人數，也就是45支注射劑。

59.

解

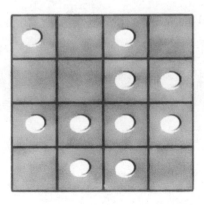

60.

解 這道題用常規的思路不容易想到，這就要求學生能打破常規進行大膽的嘗試。

我們嘗試可以排成不規則的形狀，也就是說要想使10個人排成5排，又要每排4個人，必須1個人當2個人用。也就是說，要排成的形狀必須內部有交點，而且交點要是5個。這樣我們就可以很容易想到，符合這樣要求的圖形是：五角星。站成五角星的形狀，5個頂點和5個交叉點各站一個人。這樣就符合老師的要求了。

61.

解 這是完全可能的。

寶寶的生日是12月31日，「今天」是1月1日，兩天前也就是上一年的12月30日她2歲，今天她3歲，今年的12月31日過生日時她4歲，而明年她過生日時將是5歲。

62.

解 假設來的小朋友人數為A，糖果數為B。我們根據題中的意思，在典典自己不吃的情況下，可以列出下列式子：

$B+3=5A$

$4A+3=B$

由以上兩個式子我們可以得出：$A=6$，$B=27$

所以，典典家一共來了6位同學，她有27塊糖要分給大家。

63.

解 這道題表面看起來很複雜，但不要被題目所迷惑，透過複雜的表面去看實質，探尋出題目中「數」的關係也就解開問題了。其實，完全不必考慮每個人究竟有多少文具，只要考慮總數的變化就可以了。

A用6個本換了B的1支鋼筆，則A的文具總數減少了5個，相應的，B的文具總數增加了5個，所以得出$B+5=2（A-5）$。

同理，我們也可以得出以下數量關係：$C+3=6（B-3）$、$A+13=3（C-13）$。這樣就可以知道A有11種文具，B有7種，C有21種。

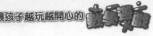

64.

解 ① 1＋7＝8；② 4＋5＝9；③ 2×3＝6。你想到了嗎？

65.

解 這是一道趣味題，把日常生活融入到數學王國裡，這樣可以培養小朋友愛學習的習慣，也能同時激發學習數學的興趣，一舉兩得。

讓我們來看這道題吧！這是一道數學上的排列題，利用數字之間差1的規律就能很好地解決這個問題了。不難看出這應該是2～10這幾個數，2＋3＋4＋5＋6＋7＋8＋9＋10＝54。所以，第一張日期是2號，最後一張日期是10號。

66.

解 最後能剩下5根蠟燭。

這道題不能靠簡單的減法。一般我們會覺得是8－3－2＝3最後會剩下3根蠟燭，其實錯了！媽媽在考寶寶的應變能力。這更是一道腦筋急轉彎題。因為被風吹滅了5根蠟燭，所以還剩下3根蠟燭是燃著的，題中說這3根蠟燭沒有被吹滅過，所以它們能一直燃到燒沒為止。也就是說最後只能剩下早就被風吹滅沒被燃著的5根蠟燭。

所以，答案是最後剩下5根蠟燭。你理解了嗎？

67.

解 巧妙地解決這道題，關鍵在於設定恰當的參照物。

一般情況下，我們總是習慣以大地作為參照物，我們所說的靜水船速、河水流速，都是相對於大地（也就是河岸）的運動速度。但是設定一個運動的物體作為參照物，即假定這個物體是不動的，而大地相對它是在運動著，有時候會給解題帶來意想不到的便捷。我們定帽子為參照物。當它掉進河裡時，終點（它被撿起的點）從一個方向「駛」來，速度就是河水流速；而小船向另一個方向離它而去，速度是靜水船速。過了3分鐘，小船調頭向它駛來，速度也是靜水船速度。因為我們假定帽子「不動」，所以小船離開它3分鐘後，再返航以同樣的速度走回來也需要3分鐘。在這6分鐘裡，「終點」以河水流速走了300公尺，所以河水的流速就是每分鐘50m，等於時速3公里。

68.

解 $9 \times 8 + 7 - 6 + 5 \times 4 + 3 \times 2 + 1 = 100$。

還有另一種算式：

$9 \times 8 + 7 + 6 + 5 + 4 + 3 + 2 + 1 = 100$。

這道題主要是考察學生運用四種運算方法的熟練程度，以及對數字的敏感度。只要反覆練習，多算就沒有什麼問題。

69.

解 這個數是504。

也許剛剛看見這道題會覺得很混亂，不知道如何解？慢慢想一想，結合題意來看的話，你會發現，其實這只是一道簡單的乘法題。因為這個三位數既能被7整除，又能被8整除，又能被9整除，說明它同時是7、8、9的整倍數。所以，7×8×9＝504。

70.

解 小紅拿的兩張牌是1、9；小亮的為4、5；小王的為3、8；小剛的為6、2。剩下的那張牌是7。

71.

解 成成和爸爸玩的這個遊戲是猜拳。猜拳是一個很有技巧的遊戲。規定雙方出的相同拳法不能連續出2次，連猜10次決定勝負。玩這個遊戲要想贏是有規律的，那就是：連續出對手剛出過的並且輸了的拳。

72.

解 根據姐姐說的條件，要總和小於100才能贏，所以蘭蘭應該先讓妹妹說，然後把自己說的數兒和妹妹說的數兒加在一起湊11，這樣經過幾個回合，等到相加的數兒到了99的時候，只要盈盈再說1她就輸了。你明白了嗎？知道了這個規律，趕緊去找小朋友玩吧，保證你能贏過他們呦。

73.

解 叔叔去超市前已經給掛鐘換了電池，不管當時時間對不對，掛鐘已經開始計算時間了。叔叔在離家的時候看了掛鐘的具體時間，然後就出門了。叔叔到了超市，因為超市有準確的時間，所以叔叔可以用它來計算購物的時間，大約是半個小時。然後叔叔走同樣的路用同樣的快慢走回家後，他可以看自己家掛鐘的時間，再根據他離家的時間可以得出他出門到回家一共用了多長時間。然後用這段時間減去在超市耽誤的半個小就得出他在來回路上所用的時間。因為叔叔來去都走同樣的路用同樣的速度，所以他在路上所用的時間的一半就是從超市到家的時間，然後他把這段時間跟他在離開超市的時間加在一起，就估計出了他到家的準確時間了。

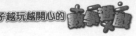
74.

解 經過計算，這項工作需要2分鐘。但是其實整個時間可以減少到114秒：一個燒餅先烤一面，翻轉，然後接著烤直至完成。

75.

解 設計費桿距為y，電線桿的數量為n。則當n＝0時，y＝0，不用貼。n＝1時，y＝0，相當於白貼，沒人會付錢的。

我們可以假設小張負責的區域沒有折返點，即貼完最後一根後再回到第一根，那麼他的行程可表示為：

$$y = |x1-x2| + |x2-x3| + \cdots + |x2004-x2005| + |x2005-x1|$$

求y的最大值。

去掉絕對值後，$y = a1 - b1 + a2 - b2 + a3 - b3 + \cdots$。

$a2005 - b2005 = (a1 + a2 + \cdots + a2005) - (b1 + b2 + \cdots + b2005)$

令這2005個點分別為1，2，3，4，……，2005

則a1＋a2＋a3＋……＋a2005最大為2005＋2005＋2004＋2004＋2003＋……＋1004＋1004＋1003

b1＋b2＋……＋b2005最小為1＋1＋2＋2＋3＋3＋……＋1002＋1002＋1003

於是y的最大值為2005＋2005＋2004＋……＋1004＋1004

＋1003－1－1－2－2－……－1002－1002－1003＝1003

×1002×2＝2010012

最後去掉閉合線路中的一條最短的：1003－1002＝1

得到答案2010011

你能明白嗎？

76.

解 因為大圓環的半徑是小圓環的2倍，所以相應的，小圓滾
2圈的距離等於大圓的周長。所以，小圓在大圓的內部轉
1圈自身要轉2圈。如果在外部轉也是2圈，因為大圓的半
徑，直徑一定，是不變的，所以大圓的周長是確定不變
的，在裡面轉和在外面轉是一樣的。

77.

解 毛毛今年23歲了。

78.

解 小小運動服上的號碼是1986，倒過來看正好是9861，相差7875。

數學中，9和6倒過來看正好相對應，而1和8倒過來不變，所以在做這些題時很容易想到肯定和這4個數有關。這樣就縮小了範圍，便於快速的做對題目。

79.

解 張三沒有打到獵物。

我們可以分析一下，張三說「打了6隻沒頭的，8隻半個的，9隻沒有尾巴的。」小朋友們想一想，6沒有頭，正好是0；8隻半個，也是0；9沒有尾巴還是0，所以，張三今天什麼都沒有打到。你想到了嗎？

80.

解 3隻小羊6分鐘吃掉3捆草，那麼，1隻小羊吃掉1捆草就是6分鐘，吃掉半捆草就是3分鐘，所以1隻小羊吃掉一捆半的草需要9分鐘。小朋友，半隻小羊是不會吃草的。所以，一隻半小羊吃掉一捆半草也是9分鐘。

81.

解 只要你按題中給的條件畫圖，把圓裡面的小正三角形倒過來畫，就能很直觀地看出來，大圓的面積是小圓面積的4倍。

82.

解 32小時。

這個池子的容積是第一個池子的8倍。因此12個人來挖需要的時間是原來的8倍，6個人來挖就需要原來的16倍。

83.

解 夢夢家的新電話號碼是8712，原來的號碼是2178。

84.

解 這道題很簡單，既然汽車和電車都經過達達家，又都能到學校，票價還一樣，所以不管達達坐什麼車都可以。而且兩輛車間隔的時間也不是很長，沒必要走一站地再坐車。你覺得呢？

85.

解 摺完有32個小長方形。不信的話，你就拿一張紙自己摺折試試吧！

86.

解 蘭蘭媽媽杯子裡自始至終沒有加過咖啡，一直在加水。所以如果算喝了多少咖啡的話，那應該就是她之前原有的那杯咖啡。因此喝了一杯咖啡。

87.

解 當然可以。我們應該先算出吉米花了多長時間走回家。吉米以每小時4英里的速度走10英里回家要花2.5小時。因為這段時間內小狗的速度保持不變，即每小時9英里，而且它一直在跑，所以我們可以很容易地算出小狗在返程過程中跑過的路程是9×2.5＝22.5英里。

88.

解 這個問題關鍵要考慮草的生長因素。根據以上條件我們可以設一公頃地一周所長草量相當於y公頃地的草量，則第一個牧場一周長草 $3\frac{1}{3}$ Y，4周長的草量為 $3\frac{1}{3} \times 4 = \frac{40}{3}$ Y，這相當於面積為 $(3\frac{1}{3} + \frac{40}{3}$ Y$)$ 公頃。12頭牛吃了4周的草量，那麼每頭牛每週吃 $\frac{1}{48}(3\frac{1}{3} + \frac{40}{3}$ Y$) = 10 + \frac{40}{144}$ Y公頃的草量。同樣，考慮一頭牛在第二個牧場每週吃草量。可以設1公頃地1周增加草量相當於y公頃地的草量，那麼1公頃地9周增加草量9y，10公頃地9周增加草量90y。那麼，21頭牛，飼養9周，所需草地面積（設草不再生長）為 $(10 + 90y)$ 公頃，1頭牛1周吃草面積為 $10 + \frac{99}{9}$ Y $\times 21 = 10 + \frac{99}{189}$ Y（公頃），由此得方程 $10 + \frac{40}{144}$ Y $= 10 + \frac{99}{189}$ Y，解之得Y $= 112$。因此1頭牛1周必須佔有牧場面積為：

$$10 + \frac{40}{144} Y = \frac{1}{144}(10 + 40 \times \frac{1}{12}) = \frac{5}{54}（公頃）。$$

再考慮第三個牧場。設所求牛數為x，則得出方程為

$$(24 + 24 \times 18 \times \frac{1}{12}) / 18X = \frac{5}{54}。$$

解之，得x $= 36$（頭）。

所以，第三個牧場18周內能飼養36頭牛。

89.

解 在魔術師轉過身去之前，他已經數了一下有多少枚硬幣
是面朝上的。我們都知道，面朝上的硬幣數目每次要麼
增加2，要麼減少2，要麼不變。所以，如果一開始面朝
上的硬幣數目如果是奇數，那麼最後仍將是奇數，無論
有多少對硬幣被翻了面。

當魔術師最後轉回身去，他會數一下現在面朝上的硬幣
數目。如果和開始時一樣是奇數（或者和開始時一樣是
偶數），那麼被遮住的硬幣一定是面朝下的。反之，被
遮住的硬幣是面朝上的。

這個簡單的魔術證明了奇偶性的規律：只要硬幣是一對
一對翻個面，而不是單個硬幣翻個面，硬幣數目的奇偶
性是不變的。

90.

解 這個問題困擾了數學家們幾個世紀，而最好的解法就是
實踐。在36個人中，監刑官應該把他的敵人安排在這些
位置：4、10、15、20、26和30。

91.

解 3的21次方。你想到了嗎？

92.

解 小梅找了一根木條演示了一下就把問題解出來了。

切4次就夠了。只要每段的長度都是2的整數次，即二進制計數試。（圖）

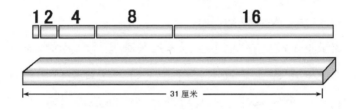

93.

解 因為貓媽媽還剩下2條命，所以小貓們一定要分配剩下的

23條。這樣就有兩個可能的答案：

7隻小貓即1隻還剩5條命，6隻還剩3條。或者5隻小貓即1隻還剩3條，4隻還剩5條。你算對了嗎？

94.

解 3個人開始拿出30元，後退回3元，結果是3人負擔27元。其27元的清單是會計收取25元加上服務員私吞的2元，正好與付帳的錢一致。服務員私吞的2元，已經包含在3人負擔的27元內。即：會計收取25元房錢＋女服務員私吞的2元＝3人負擔的27元。

因此，3人負擔的27元，加上女服務員私吞的2元一共是29元，實際上是沒有任何意義的。也就是說，根本不存在少一元的問題，三人的25元房費＋服務員私吞的2元＋找回他們的3元＝30元

95.

解 因為沒有他們分得的任何一份的具體數量，所以這個問題有無數個答案，其中最少的一個數是3121。

96.

解 這個問題是在考查對三角形的特點的掌握程度。三角形中，兩邊之和一定大於第三邊。所以，只要把兩根較短的棍頭與尾對接，再去跟最長的短棍比較，如果長度超過了那根最長的短棍，就說明這三截短棍可以組成三角形。

97.

解 星期三。首先我們要弄清楚今天是星期一，就能判斷後天的日期了。

98.

解 根據他們的共識，我們可以得出王超和徐濤入選了。

99.

解 看上去，第一種方案似乎更划算。但是實際上，工會代言人選擇了第二種。計算一下我們就能發現：

第一種方案：（每年提高500元，半年發一次，也就是每半年提高250元）即：

第一年沒有加薪即：10000＋10000＝20000元

第二年10250＋10250＝20500元

第三年10500＋10500＝21000元

第四年10750＋10750＝21500元

第二種方案：（每半年提高125元，也就是說在第一年工人就可以多拿到125元）

第一年10000＋10125＝20125元

第二年10250＋10375＝20625元

第三年10500＋10625＝21125元

第四年10750＋10875＝21625元

100.

解 一共有6個人參加會議，每人各握5次手。因為每次握手的都是兩個人，所以握手次數是15次而非30次。

101.

解 根據以上條件我們可以推測出小雨家共有7個人：一對夫妻、他們的3個孩子：兩個女兒和一個兒子以及丈夫的父親和母親。這麼混亂的推斷題，你思考出來了嗎？

102.

解 青蛙要爬8次。也許有人會得出答案為10次，但是我們不要被條件所蒙蔽。每個人都可以得出，每次爬上3公尺又滑下2公尺實際上就是每次跳1公尺，因此爬10公尺就需要爬10次。這是錯誤的，以為青蛙跳到了一定次數就跳出井口了，不會再次下滑了。

103.

解

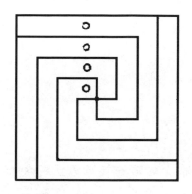

104.

解 正確答案是：「《三角》、《幾何》共計九角。《三角》
三角，《幾何》幾何？」就是問《幾何》書的書價是多
少？是六角。

105.

解 當蠟燭燃燒盡後，質量就會減少，木條將向右邊傾斜，
所以足球滾向右邊。

106.

解 琳琳可以把繩子圍起來做成一個星星圈，肯定還是很漂亮。

107.

解 看見這道題大家肯定第一反應是立刻拿筆計算吧？但是當你用盡速度和時間路程的關係後發現，這道題跟初始相距的距離根本沒有關係。這道題其實十分簡單，就是每輛車以每分鐘10英里的速度相互接近，那麼在相撞前1分鐘，兩輛跑車一定相距10英里。所以，我們千萬不要讓多餘的數字混淆我們的思緒。

108.

解 小王是推理出來的。他把三個數乘積為36的情況都列了下來，共有以下幾種情況：

兒子1	兒子2	兒子3	積	和
1	1	36	36	36
1	2	18	36	21
1	3	12	36	16
1	4	9	36	14
1	6	6	36	13
2	2	9	36	13
2	3	6	36	11
3	3	4	36	10

由以上條件我們一目瞭然，但是這麼多條件到底哪個是呢？我們再回想小李說過的話，小王知道小李兒子的年齡之和後沒有馬上做出判斷，那是因為以上的情況中出現有兩列數的和都等於13，如果是其他時間，小王肯定就能馬上做出判斷，所以他們相見的日期是13號。後來在小李的補充中小王得出判斷他有一個小兒子，所以他排除了兩個兒子歲數一樣都比另外的兒子小的可能，從而得出了最後結果。所以小李的兒子的歲數分別是：1歲、6歲和6歲。

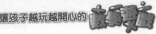
109.

解 因為這些用戶沿著鐵路排列，所以我們可以把他們看成是一條直線。商店應在最中間兩戶間任意一點。你想到了嗎？

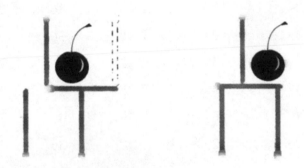

110.

解 你是不是又拿起筆傻乎乎地計算了呢？你又被題目騙了。現在反應過來了嗎？條件中說的都是每匹馬在一分鐘內所跑的圈數，那麼理所當然的在一分鐘之後，所有的馬都跑完自己能跑的圈數，然後又集合到起跑線上，你明白了嗎？所以答案是1分鐘後。

111.

解 我們可以先把他們所釣魚的條數的個位數字相加，這四
個數字的末位數的和為2＋3＋3＋4＝12，也就是說釣魚
總數個位數字是2，但根據條件所說，我們發現沒有一個
自然數的平方的末位數字是2，這是怎麼回事呢？我們可
以得出參加釣魚的一定不可能是四個人，而是三個人。
其中有一個人既是父親，又是兒子。這個人就是個位數
字跟傑米的兒子相同的吉米。所以我們知道了傑米的兒
子是吉米。

112.

解 $4-4=0$

$\dfrac{4}{4}=1$

$\dfrac{(4+4)}{4}=2$

$4-\left(\dfrac{4}{4}\right)=3$

$4=4$

$4+\left(\dfrac{4}{4}\right)=5$

$\left[\dfrac{(4+4)}{4}\right]+4=6$

$\left(\dfrac{44}{4}\right)-4=7$

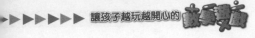
$$4+4=8$$

$$4+4+\left(\frac{4}{4}\right)=9$$

$$\frac{(44-4)}{4}=10$$

113.

解 1到100的數字中，共有20個9字。因為僅僅90到99的範圍內就有11個9字。

114.

解 由於在第8頁之前有7頁，所以在第21頁之後一定有7頁。因此，報紙總共有28頁。

115.

解 根據條件我們可知，如果假設4隻腳的動物有X隻，那麼2隻腳的動物就有2X隻。那麼可以得出，4X＋2×2X＝40，所以X＝5。

從而我們得出，4隻腳的動物有5隻，而2隻腳的動物就有10隻了。

116.

解 ①. $6+6\div6=7$。$2.5\times7\times8\times9=25203$。假設分針速度為1，則時針速度就為$\frac{1}{12}$。那麼，小紅回來時，分針共比時針多走了110度＋110度＝220度，也就是220÷30＝$\frac{22}{3}$（大格），得：$(\frac{22}{3})\div(1-\frac{1}{2})=8$（大格）。8×5＝40（分鐘），所以我們可以知道小紅出去了40分鐘。

117.

解 你想到了嗎？

118.

解 原來奶奶買了30枚李子，你算對了嗎？

這裡的P＝0，a1＝a2＝1，a3＝3，$\frac{n1}{m1}=\frac{n2}{m2}=\frac{n3}{m3}=12$根據公從可得原有李子數為：

$0\div(1-\frac{1}{2})\div(1-\frac{1}{2})\div(1-\frac{1}{2})+1\div(1-\frac{1}{2})$

$+1\div(1-\frac{1}{2})\div(1-\frac{1}{2})+3\div(1-\frac{1}{2})\div(1-\frac{1}{2})$

$\div(1-\frac{1}{2})=0+2+4+24=30$（枚）

119.

解 至少9次。因為他們每次都要有一個人把船划回來。

120.

解 小米可以把兩個砝碼放左邊,右邊放鹽,平衡後把左邊的砝碼換成鹽,左邊秤出的重量就是1千克。

121.

解 一般人的思維是以為15英尺是以樹為中心的,這樣貝貝是如何都吃不到食物的。這道題是說貝貝的飯盆放在15英尺的地方,但是是在貝貝出發吃東西的相反的方向。也就是說,貝貝在轉過身去的5英尺的地方吃到了食物。小朋友,你想到了嗎?

122.

解 圓木向前滾一圈後,它們使重物相對它們向前移動了1公尺,而它們相對地面又向前移動了1公尺,所以一共向前移動了2公尺。大家可以試試!

123.

解 因為石頭的直徑大概是20公尺，隧道的寬度也有20公尺。所以，石頭和隧道的壁應該是緊挨著的。又因為這是一個方形隧道，所以圓石頭和隧道的邊緣會有縫隙，瓊斯可以緊挨著隧道壁，這樣就能躲過大石頭。

124.

解 由規則知道開球者有5局先開球，對方有四局先開球。設第一局開球者在他開球的諸局中勝了x局，而他在對方開球的諸局中勝了y局，那麼9局中先開球者共輸了（5－x）＋y局，於是有方程（5－x）＋y＝5，由此求出x＝y。這說明首局開球者在九局中共勝了x＋＝2x局，這是一個偶數，所以他一定勝了6局。即第一局是由A先開球。

125.

解 有9個一位數，90個；位數和900個三位數，總共有2889個數字。還剩下40個數字，即10個四位數：1000到1009。這本書一定有1009頁。

126.

解 答案是16807，就是7×7×7×7×7。這個問題來自古埃及的「莎紙遊戲」，由阿米斯記載於公元前1850年，這或許是世界上最早的智力題，它們激發了後人的許多靈感。現在知道小貓為我們保護了多少糧食了吧，就讓我們開始保護這些可愛的小貓吧！

127.

解 在1到50這五十個數中，末尾有0的數有10、20、30、40、50五個，相乘的積末尾有6個零；末尾有5的數有5、15、25、35、45五個，與末尾沒有0的偶數相乘，積的末尾有6個零，因此，這個65位的數尾部有12個零。（注意：50＝5×10，25＝5×5）

128.

解 少8。

129.

解 華華9歲，媽媽35歲。

根據題意可以知道，今年媽媽比華華大26歲，即兩人年齡差為26歲，四年後，媽媽的年齡是華華的三倍，即：3倍（華華年齡＋4）＝（華華年齡＋4）＋26歲。26歲是4年後華華年齡的2倍。所以，華華今年年齡＝$\frac{26}{2}$－4＝9歲，媽媽今年是9＋26＝35歲。

130.

解 有8個人。

131.

解 答案是50公里。因為，雖然你駕駛著飛機向北極點的南部飛行了50公里，又向東飛行了50公裡，可是你距離北極點的距離還是50公里。沒有變。

132.

解 還是5個人。

5個能在5秒鐘內摘到5個蘋果的小朋友，在60秒內就能摘到60個蘋果。因為他們平均每秒鐘摘一個蘋果。

133.

解 根據條件我們可以得出，變形蟲的分裂數目是成倍增加的，因此在燒杯被裝滿之前1分鐘的時候，變形蟲就能裝滿燒杯的一半，也就是說，剩下的1分鐘杯中的一半蟲子分裂出來的蟲子會裝滿燒杯。所以，變形蟲需要39分鐘就能長滿燒杯的一半。

134.

解 根據題意我們知道兩個數顛倒之後相同，又剛好相差27歲就有下列幾種情況。可能的答案是52和25、63和36、74和47、85和58、96和69。但如果與我的朋友已經表演魔術的時間相一致就只能是74歲和47歲。

135.

解 假設希爾斯塔的高度為X，根據題中給的訊息，我們可以列出下列式子：$X = (\frac{x}{2}) + 225$，所以我們解這個方程式可以得出：$x = 450$公尺。

現在你知道世界上最高的樓有多高了吧！

136.

解 讓我們先假設房間裡有240根手指，則可能是20個外星人，每人12根手指；或者是12個外星人，每人20根手指。但這無法提供一個唯一的答案，所以應去除所有能被分解為不同因數的數字（即除質數和完全平方數以外的所有數）。

現在考慮質數：可能會是1個外星人，每人有229根手指（但根據第一句話，不可能）；可能是229個外星人，每人有1根手指（但根據第二句話，不可能）。這樣，又去除了所有質數，就只剩下平方數了。

在200和300之間符合條件的只有一個平方數，就是289（17²）。所以在房間裡共有17位有著17個手指的外星人。

137.

解 2人。假設所有49名女性成員都戴眼鏡，則戴眼鏡的男性成員就只有21人。再假設這21個人中有11個年齡小於20歲，這樣就只剩10名年齡不小於20歲且戴眼鏡的男成員了。最後再減去8個參加俱樂部不到3年的名額，就得出了符合條件的最小人數為2。

138.

解 斯賓塞比唐納德多剪了3棵樹。

139.

解 一個四位數如果是由1、4、6、7這個4個數字組成的話，總是能被9和3整除。假設你只想到這一層，那麼這兩個問題看似都解決不了了。然而當把6倒過來換成9時，一個由1、4、7、9組成的四位數就不可能被9整除了，但被3整除還是無法改變的。

140.

解 160個。這道題可以假設她一共摘了x個蘋果。可以知道：

$$10 = \left(\frac{x}{2}\right) - \left(\frac{x}{4}\right) - \left(\frac{x}{8}\right) - \left(\frac{x}{16}\right)$$，解這個式子可以得到：x＝160

141.

解 根本吃不完，因為在周長是3公尺的空間內，30頭牛根本轉不開身，甚至「無立足之地」，更別說吃草了。

142.

解 至少有2個。我們根據題中給的意思可以看出，全校共有
學生52×30＝1560人，在1978～1980年間出生的學生共
有1560×90％＝1404人。而在這三年中有365×3＋1＝
1096天。由鴿籠原理我們可以知道，至少有兩個同學是
在同年同月同日出生的。

143.

解 每擲一次骰子得到不是6點的概率是 $\frac{5}{6}$。因為每一次投擲
都是獨立的，所以連續擲得非六的概率為：

擲兩次：$\frac{5}{6} \times \frac{5}{6} = 0.69$

擲三次：$\frac{5}{6} \times \frac{5}{6} \times \frac{5}{6} = 0.57$

擲四次：$\frac{5}{6} \times \frac{5}{6} \times \frac{5}{6} \times \frac{5}{6} = 0.48$

這意味著在更多的情況下，連擲4次將得到一個6。

144.

解 讓兩個計時器同時開始漏沙子。當3分鐘那個漏完後，立
即把它顛倒過來，4分鐘的那個漏完後，再次把3分鐘的
那個顛倒過來。這時3分鐘的那個裡正好漏下應漏一分鐘
的沙子。等這個沙漏裡的沙子漏完後，就正好是5分鐘。

145.

解 9的99次方。這個數很大吧？你想到了嗎？

146.

解 任何數。這個奇妙的組合算出來的數遮住後面的「00」，
得到的永遠都是最初的數。

147.

解 正好是119個。

148.

解 因為第二位買去的大米的重量是第一位的2倍，根據我們
所知的那六袋的重量，我們可以試著用加法比較一下，
看哪三個數相加的和是另外兩個數相加的和的2倍，就可
以得出結果來了。
第一人：150＋180＝330斤；第二人：160＋190＋310＝
660斤。所以剩的是200斤一袋的。

149.

解 設人們排成3、5、7行的列數為x、y、z，總人數為a.可以寫出以下方程：$3x+2=5y+2=7z+2=a$即：$3x=5y=7z=a-2$

也就是說$x=\dfrac{3}{5}y$

據$3x=7z$可以得到：$z=\dfrac{7}{5}$

顯然，只要y是3和7的公倍數，x和z就為整數；而y是有範圍的：

$107\geqq a\geqq 2a=5g+2$故$107\geqq 5y+2\geqq 2$即$21\geqq y\geqq 0$ $y=0$不合題意，$y=21$。所以人事經理可以有把握地算得人數：$a=5y+2=5\times 21+2=107$

150.

解 白天它爬的距離為六尺六，晚上它滑下三尺三，那麼相當於每天它爬的距離為三尺三，所以我們可以得出，小蝸牛在5天之後就可以爬到牆頭了。

151.

解 按照按比例分配的方法，可以知道小孫和小蘇每小時打字頁數的比是3：4，所以總分數為7。也就是說每小時小孫和小蘇可以合打7頁，而小孫可以打7份中的3份即$\frac{3}{7}$，小孫可以打7份中的4份即$\frac{4}{7}$。那麼只要將這12頁紙按比例分配給他們就可以了：

$$12 \times \frac{3}{7} = 5\frac{1}{7}（頁）$$

$$12 \times \frac{4}{7} = 6\frac{6}{7}（頁）$$

結果是小孫打$5\frac{1}{7}$頁，小蘇打$6\frac{6}{7}$頁。也就是說，小孫打5頁，小蘇打了6頁，其中有一頁需要兩個人合打完成，但一頁文件不能分成兩部分，所以可以按四捨五入的原則讓小蘇打7頁，那麼她們就能盡快完成任務了。

152.

解 ① 6.25。6.25÷5＝1.25，6.25－5＝1.25

② 這個數是2。2＋2＝4，2×2＝4。

③ 如 $2-2\times2\times2\times\dfrac{2}{2}\times2\times2\times2=1$ ；

$8+8+\dfrac{8}{8}-8+\dfrac{8}{8}-8=1$ ；……。

④ 甲數：x＋2＝10＋2＝12

乙數：x－2＝10－2＝8

丙數：x÷2＝10÷2＝5

丁數：2x＝10×2＝20

當4個數相等時，設這個相等的數為x。那麼甲為：x＋2，乙為：x－2，丙為：x÷2，丁為x×2＝2x.四個數的和為45，可以列出方程，求出x值：

（x＋2）＋（x－2）＋（x÷2）＋（2x）＝45

解：$x+2+x-2+\dfrac{x}{2}+2x=45$

4.5x＝45

由此可得x＝10

再把x帶入根據題意列出的上面的四個式子，就能得出甲乙丙丁了。

153.

解 先指定的房間有汽車的機率為 $\frac{1}{3}$，而另一間為 $\frac{2}{3}$，也就是說應該換房間。

因為主持人知道哪間房間是空的，但是如果他不打開這個房間，那麼，沒有指定的兩個房間有汽車的機率為 $\frac{2}{3}$。

如果這兩個房間都歸你，那麼有一個是空房間這件事，對你來說是無所謂的，你的總機率仍然是 $\frac{2}{3}$。於是，換一個房間，實際上相當於一開始要了兩個房間。

但是如果主持人並不知道哪個房間是空的，前提就大大改變了；現在每個剩下的房間的機會都是 $\frac{1}{2}$，遊戲也玩不成了。

154.

解 先扔的人贏的機率為 $\frac{2}{3}$，後扔的人贏的機率為 $\frac{1}{3}$ 每一次扔中的機率為 $\frac{1}{2}$，前提卻是此前二人都未扔中，而 n 次都未扔中的機率是 $\left(\frac{1}{2}\right)\uparrow n$；於是第 n+1 次獲勝的機會為：

$p\downarrow\{n+1\} = \frac{1}{2}\times\left(\frac{1}{2}\right)\uparrow n = \left(\frac{1}{2}\right)\uparrow\{n+1\}$，那麼，先扔者獲勝的機率為：

$$p1 = \frac{1}{2} + \frac{1}{8} + \cdots + \frac{1}{2}) \times (\frac{1}{4}) \uparrow \{n-1\} + \cdots$$

$$= (\frac{1}{2}) / (1 - \frac{1}{4}) = \frac{2}{3}$$

而後扔者獲勝的機率則為：

$$p2 = 1 - p1 \{ = \frac{1}{4} + \frac{1}{16} + \cdots + (\frac{1}{4}) \uparrow n + \cdots \}$$

$$= \frac{1}{3}$$

155.

解 眾所周知，直線上有無窮多個點，但直線上不存在兩個相鄰最近的點。倘若a與b是兩個這樣的點，那麼$c = \frac{(a+b)}{2}$便是離它們更近的點。如此推斷，豆豆和小小永遠都無法走到一起。你明白了嗎？當然，這個在現實生活中指的只是兩個人能接觸到就好了，但在數學領域中，在同一條直線上根本不會有真正意義上相接近的點。

156.

解 卡車透過這個石橋的時間應該從它的車頭到達石橋的一段一直到它的車尾離開石橋計算。那麼，卡車走過的長度應該為14公尺。

因此我們可以得出：14÷4＝3.5（分鐘），卡車需要3.5分鐘才能完全離開石橋。

157.

解 ① 是3021。個位3×7＝21，然後十位數的5加1變6，6再乘以5即6×5＝30，就可以得出3021。

規律：在AB×CD的乘法中，如果BC＝A（10－D）則B、D（個位）的乘積就是得數的後兩位。

A和（C＋1）的乘積是得數的前兩位。

② 111－11＝100═══5×5×5－（5×5）＝100

③ a＝12，b＝20，c＝4，d＝64

158.

解 ① 我們都知道圓柱體的表面的計算公式，知道它的表面積指的是圓柱體表面包括上下部分的表面面積之和。

由此我們可得：這個圓柱體的表面積為：

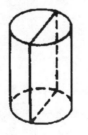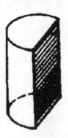

$$3.14 \times \left(\frac{8}{2}\right)^2 \times 2 + 3.14 \times 8 \times 15$$

$$= 100.48 + 376.8$$

$$= 477.28 \text{（平方公分）}$$

我們要求的是半個圓柱體的面積,那麼我們需要算出整個表面積的一半,也就是:

$477.28 \div 2 = 238.64$(平方公分)

但是,這就算完了嗎?其實沒有,透過上圖我們可以發現,圓柱體被鋸開之後,半個圓柱體還增加了一個長方形的側面,這塊面積也算表面積,所以我們需要加上。這塊長方形長為15公分,寬為8公分,所以它的側面的面積為$15 \times 8 = 120$(平方公分)。

所以半個圓柱體的表面積為:$238.64 + 120 = 358.64$(平方公分)在計算過程中,你是不是常常忘記側面的長方形呢?

② 如圖,我們可以看出AF=AE,CD=CE,BD=BF。

那麼:CE+BF=CD+BD相當於斜邊=兩直角邊的和$-2r$(r是內切圓半徑)

那麼AB+AC=斜邊+2r,斜邊=外接圓直徑,2r=內切圓直徑。

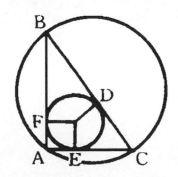

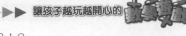
159.

解 他們能組成結構為aa×bb＝caac的式子，很有意思吧!你還能用這幾對數字組成其他組合嗎？

160.

解 標準時間應是12點37分48秒。因為此鐘在慢的36分鐘內，仍要按照1小時慢3分鐘的比例推算出1分鐘慢$3 \div 60 = \frac{1}{20}$分，因此，36分鐘也就慢了$\frac{1}{20} \times 36 = 1.8$（分鐘），也就是1分48秒。

這樣算起來當鐘走到12點時，標準時間應為12點37分48秒。你算對了嗎？

161.

解 正常時鐘的分針每小時走一圈，就是360度，相當於每分鐘6度。六點半時時鐘的顯示是正確的，下一次時鐘正確顯示時倒走的分針應該也落在正確的位置上，假設其間的時間為X分鐘，如果分針行走正常，它將沿順時針方向走6X度，現在這倒走的分針沿逆時針方向應該走80X×$\frac{6}{60}$＝8X度，兩者之和正好是一圈360度。所以我們可以得出X＝$\frac{180}{7}$分鐘即$\frac{3}{7}$小時，也就是說$\frac{3}{7}$小時後這台時鐘會再一次正確顯示時間。

162.

解 當丁家買了丙家剩下的一半後，應還有另一半，但他又買了半個後就沒有了，說明另一半是半個蛋。丁家先買了半個蛋，又買了半個蛋，可見丙家買了後，只剩下1個蛋了，如此推算：那麼，

剩到丙家時：（1＋0.5）×2＝3（個）

剩到乙家時：（3＋0.5）×2＝7（個）

所以，小花媽媽一共賣了：（7＋0.5）×2＝15（個）

163.

解 見到21個飛馬騎士。

因為他沒出發時已經有人在路上了，他剛出門，10天前出發的人正好到達，加上路上的10天共有20人與他相遇，而到荔枝園時，又有一人要出發了。

164.

解 第一種：母雞4隻，公雞18隻，小雞78隻。

第二種：母雞8隻，公雞11隻，小雞81隻。

第三種；母雞12隻，公雞4隻，小雞84隻。

165.

解 最後一輛車穿過了沙漠，油還夠行駛20公里。

讀品文化
Spirit Surprise 讀者回函卡

謝謝您購買這本書。
為加強對讀者的服務，請您詳細填寫本卡，寄回**讀品文化**，並將務必留下您的E-mail帳號，我們會主動將最近「好康」的促銷活動告訴您，保證值回票價。

書　　名：讓孩子越玩越開心的數學遊戲
購買書店：＿＿＿＿＿＿市／縣＿＿＿＿＿＿書店
姓　　名：＿＿＿＿＿＿＿＿＿＿＿＿
身分證字號：＿＿＿＿＿＿＿＿
電　　話：(私)＿＿＿＿＿ (公)＿＿＿＿＿ (傳真)＿＿＿＿＿
E-mail：＿＿＿＿＿＿＿＿＿＿＿＿＿＿＿
地　　址：□□□＿＿＿＿＿＿＿＿＿＿＿＿
年　　齡：□20歲以下　□21歲～30歲　□31歲～40歲
　　　　　□41歲～50歲　□51歲以上
性　　別：□男　□女　　婚姻：□已婚　□單身
生　　日：＿＿＿＿年＿＿月＿＿日
職　　業：□學生　　□大眾傳播　□自由業　□資訊業
　　　　　□金融業　□銷售業　　□服務業　□教
　　　　　□軍警　　□製造業　　□公　　　□其他
教育程度：□國中以下（含國中）　□高中以下
　　　　　□大專　　□研究所以上
職 位 別：□在學中　□負責人　□高階主管　□中級主管
　　　　　□一般職員　□專業人員
職 務 別：□學生　　□管理　　□行銷　　□創意　□人事、行政
　　　　　□財務、法務　　　　□生產　　□工程
您從何得知本書消息？
　　　　　□逛書店　　□報紙廣告　□親友介紹
　　　　　□出版書訊　□廣告信函　□廣播節目
　　　　　□電視節目　□銷售人員推薦
　　　　　□其他
您通常以何種方式購書？
　　　　　□逛書店　　□劃撥郵購　□電話訂購　□傳真訂購
　　　　　□團體訂購　□信用卡　　□DM　　　□其他
看完本書後，您喜歡本書的理由？
　　　　　□內容符合期待　□文筆流暢　□具實用性　□插圖
　　　　　□版面、字體安排適當　　□內容充實
　　　　　□其他
看完本書後，您不喜歡本書的理由？
　　　　　□內容不符合期待　□文筆欠佳　□內容平平
　　　　　□版面、圖片、字體不適合閱讀　□觀念保守
　　　　　□其他＿＿＿＿＿＿＿＿＿＿＿＿＿
您的建議
＿＿＿＿＿＿＿＿＿＿＿＿＿＿＿＿＿＿＿
＿＿＿＿＿＿＿＿＿＿＿＿＿＿＿＿＿＿＿

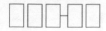

廣 告 回 信
基隆郵局登記證
基隆廣字第 55 號

2 2 1 - 0 3

台北縣汐止市大同路三段 194 號 9 樓之 1

讀品文化事業有限公司

編輯部　收

請沿此虛線對折免貼郵票，以膠帶黏貼後寄回，謝謝！

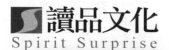

讀品文化
Spirit Surprise

為你開啟知識之殿堂

讀品文化

讀品文化